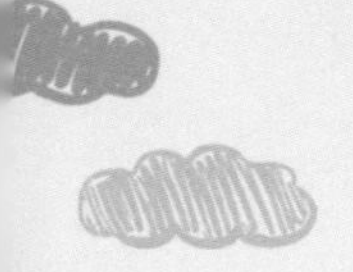

哈克（黃士鈞）著

爸爸的鬼點子

跟著心理博士學好玩的親子互動

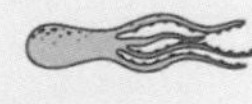

【目錄】

Part 1 爸爸的鬼點子

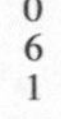

FARM

Part 4

在對話裡，陪孩子長出力量 141

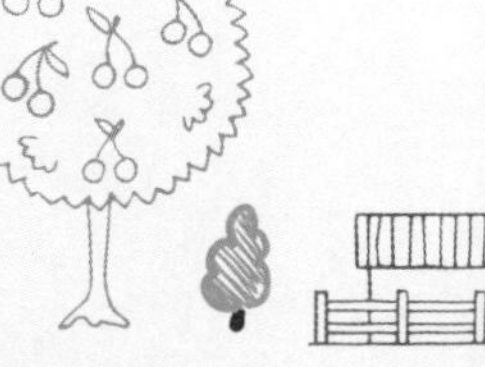

Part 5

許願本——與孩子的美麗約定

〈推薦序〉

在鬼點子的後面

黃錦敦

前些日子，在收到哈克推薦序文邀約的同時，我正準備著一場演講，講題是：父愛。那時，我在講綱裡寫下的第一行文字是：

「在父親養育我的過程裡，我喜歡且印象深刻的畫面是什麼？」

因著這問句，帶出了畫面，我在電腦前開始敲打下文字。

對於父親，心裡一直有個畫面，我猜大概是我七、八歲的時候吧，那是「家庭即工廠」的年代，家的後院即是父親工作的地方。有天早晨，我在工廠旁的廁所裡，坐在馬桶上，陽光從小窗透進來，我聽見在後院的父親一邊工作一邊哼著輕快的旋律。不知怎的，這個很一般的畫面卻在我成長的過程裡重複出現，好幾次，當我心情輕快哼著曲調時，都會想起那時的父親，有種情感和特別氣氛在這樣的畫面裡停格。

關於父親還有另一個我喜歡的畫面是在我四、五歲左右，場景也在家裡的後院，小小的地方既是工廠，也是餐廳，工作之餘的父親常把右手掌攤開，讓兩歲多的妹妹的一雙小腳站在他手上，左手則扶著妹妹的小小身體，然後「呼」的一聲將妹妹高高舉起，接著一邊左右輕輕搖晃一邊哼著旋律。那時，可以看到妹妹咯咯咯的大叫大笑，在一旁的哥哥、我和母親，也在抬頭看著妹妹之際一起歡笑。

三十幾年後，我在女兒也是兩歲多的時候，在我自家的餐廳裡，也一次次的把女兒一雙小腳放在右手掌上，左手扶著她小小身體，然後「呼」高高舉起，哼著隨意的旋律。也是一家的大笑。這個遊戲一直到去年女兒國小二年級時，我的手已經支撐不住孩子長大的身體才停止。

我猜父親一定沒想到這兩段畫面，就這樣被我留下來，被我活出來。而這兩段畫面對我的影響，不是來自父親對我「做」了什麼，而是他活出的一種樣子，這樣的畫面像是酷熱夏季的清涼晚風，在辛勞的生活裡卻擁有輕鬆快樂的情調。

從這裡，我回頭來說我閱讀哈克這本書《爸爸的鬼點子》心中的感受。

書中這些一個又一個的鬼點子，如「大便成功抽獎輪」這樣的文章，我讀著讀著心裡常會喃喃說：「厚，這就是哈克，這方法只有這傢伙想得出來。」覺得這樣帶孩子的方式實在令人感到驚訝神奇。

我們都知道愛孩子需要方法，想在孩子千變萬化的成長過程中持續的愛著他們，那真需要許許多多充滿創意的方法，才不會一直淪入父母管孩子叫的悲慘劇本裡。哈克在這本書裡，讓安穩與親近成為愛孩子的湯底，把創意與搞笑變成愛孩子的香料，讓養育孩子的挑戰時刻也充滿美妙滋味。

不過，閱讀此書真正讓我感動的不是這些鬼點子，而是在這些鬼點子之後，哈克這個父親在孩子面前所活出的一種樣子。他讓孩子經驗到一個父親如何用趣味快樂的方式，來面對生活中的困難。同是為人父的我可以想像，如果我的孩子能感染到這樣的人生態度來面對成長中的困難，那會是多有價值的教育過程。

此外，此書也觸動我的就是那充滿在書中的享受味道。

哈克，一個父親，在書裡一個個鬼點子的時光裡，我常能感覺到他是非常樂在其中的。我認為父母若能在養兒育女時自己也享受其中，這樣的片刻本身就會傳遞出最珍貴的訊息給孩子，就如同我父親在我面前把妹妹高高舉起全家開懷大笑的畫面一般。

所以，與其說這是一本充滿方法、策略的親子書，倒不如說這是一本傳遞怎麼讓享受味道能留在家裡的好書。

（本文作者為諮商心理師、作家）

〈推薦序〉

充滿智慧和溫柔的愛

許瑞云

好友哈克又要出版親子書了，我毛遂自薦要幫他寫序文，其實是迫不及待想要先看到他的新書。

早期的台灣社會，父親跟孩子的心理距離往往很遠。即使到今天，我在診間常聽到的父子／父女關係也經常是：「我跟爸爸不親」「爸爸多數時間都在外面工作，我們很少見面」「爸爸話不多，我不知道要跟他說什麼」「父親愛大聲罵人，對小孩很嚴厲」「父親脾氣很差，動不動就打人或家暴」「父親不管家裡，在外面有女人」等問題。

事實上，傳統型的父親很可憐，每天辛苦工作，能跟家人相處的時間很少，加上不少太太在生了孩子以後，眼裡只看得到孩子，根本看不到先生，所以爸爸回家覺得像個陌生人，感受不到家庭的溫暖和愛，反而羨慕孩子會找媽媽，只跟媽媽親近，但爸爸自己因為不懂得如何給愛或討愛，所以，很多時候只能用憤怒來表現他的不滿和嫉妒。如果又承襲老一輩的管教方式，孩子一不聽話或哭鬧，就動輒打罵，孩子的委屈情緒只能壓抑在心底，最後弄得親子關係越來越差，日後造成不少身心問題。

閱讀哈克的書，可以看到他如何善用不同的方法，幫助父母脫離舊有的高壓教養模式，學習如何在生氣的時候還能溫柔的對待孩子、如何化解家人之間的衝突、如何安撫哭鬧的孩子、如何讓不聽話的孩子願意學習反思和成長、如何讓孩子更懂得愛和尊重自己及他人、如何表達各種情緒等等。不只如此，哈克還跟大家分享他很擅長的催眠和潛意識溝通，幫助培養孩子的直覺力和表達力，同時讓兄弟姊妹懂得彼此陪伴和互相友愛。

閱讀本書的時候，處處看得見哈克的智慧和柔軟的愛。在充滿同理與愛，且沒有框架的方式下教養出來的孩子，自然更能懂得如何愛、尊重、同理、付出、溝通，以及解決問題。希望更多的父母能夠讀一讀這本好書，從中找到更好的教養方式，讓更多孩子得以在充滿溫暖和安全的環境中長大。

（本文作者為醫生、作家）

〈推薦序〉

融合專業與實用的絕佳親子書籍

魏瑋志（澤爸）

有了孩子以後，從小到大的自身教養經歷，才發現不是唯一，只能當作參考。面對孩子，永遠都要從零開始，重新摸索。畢竟我們都是有了孩子之後，才開始學習怎麼當爸媽的。

即便有此認知，依然會東衝西撞，持續的從中摸索，在孩子的自主意識與爸媽的管教界線之間，不斷的互相拉扯，找尋最適合彼此的教養方式與溝通方法。如果把「我是為你好」的緊箍枷鎖套在孩子上，一味的要求孩子聽話，或是把「同理孩子」無限上綱，變成凡事都聽孩子意見的過度尊重，都陷入只聽一方的泥沼之中。其實，教養是一時的，關係才是一輩子。不要糾結在聽你的還是聽我的一拍兩瞪眼，而是一起思考與討論：有什麼可以同時辦到雙方的目的呢？

而在這個有如拔河般的過程之中，是需要方法與巧思的。

《爸爸的鬼點子》中，哈克爸爸藉由諮商心理師的資歷與經驗，面對親子之間的各種問題與狀況，想出許多實用又有趣的點子，把衝突與爭執化解於無形，反倒增進了許多親子之間的樂趣與親近，並在潛移默化之中，進而讓孩子學習到對自我的認識與負責。

在每一個故事裡，都會從爸爸的角色來描述親子相處的過程，並在回應之中，用「心法」的注解方式，變身為諮商心理師的專業，以心理層面來說明為何如此說的原因與用途，讓我們除了知道可以怎麼跟孩子說之外，更能了解當中的神奇與奧妙之處，簡直就是融合了「專業」與「實用」、一書兩用的絕佳親子書籍。

許多在家擔任孩子主要照顧者的媽媽，有時對於教養都會茫然無措了，更何況是忙碌於工作的爸爸啊。《爸爸的鬼點子》結合了理性與感性的智慧，融合了生活與技巧的實用，相信看完後可以鼓勵更多爸爸一同來參與照顧孩子，因為書中有著原來我也可以的放心，以及讓媽媽全然放手的安心。

（本文作者為親職教育講師、作家）

〈作者序〉當心理學家，成了眞的爸爸……

我當爸爸的年資，在二〇一六年出版這本書的夏天，剛好滿九年。大女兒黃阿赧在二〇〇七年的暑假出生，小女兒黃毛毛在兩年後出生。原本以為，身為一個諮商輔導博士，當爸爸之後應該會得心應手的，實際上呢？呵呵，想也知道，心理學上的概念知識，與現實生活裡捕捉照顧活跳跳的小生命，當然是兩個世界。

而這兩個世界的中間，隔著寬寬闊闊的溪谷。

歲月走著，那兩個原本被包在小毛巾裡只會嗚嗚叫的小東西，轉眼已經是會和馬麻爭取今天要玩遊戲久一點、今天可不可以不要洗頭的小傢伙了。而當把拔的我，一天一天的，在兩個世界中間的寬闊溪谷上，架起了繩索流籠，也一點一滴的搭起了讓結構得以穩固的木橋。

二十年諮商輔導的專業讓我知道，人在兩種情境下，特別容易靠近真實的自己：一是安全信任的情境，二是好玩有趣的氣氛。這本書，有一大半的鬼點子都是描述著，孩子的真實模樣，如何在好玩有趣的氛圍裡，被好好的看見、陪伴、支持。有時候我會這樣想，既然當把拔的我，有時候不太有足夠的耐心，長時間照顧孩子的生活起居，那，那就來跟孩子玩吧！

寫作者序的這個清晨，我問六歲的黃毛毛：「馬麻在家裡是負責什麼的？」「馬麻負責吃飯前可以吃什麼、不可以吃什麼。像是幼稚園啊，有時候會發糖果啊，我就會問馬麻吃飯前可不可以吃。」黃毛毛一點遲疑都沒有的回答。

「那把拔呢？把拔在家裡是負責什麼的？」我好奇的問。

「把拔……嗯，把拔是負責快樂的！」黃毛毛一邊畫畫一邊很確定的回答。

呵呵，「playful」真的是我的關鍵字，好玩的、愛玩的、快樂的、趣味的、一起玩的。所以，我把握著機會，能夠溫暖陪伴時就讓心暖暖的在，而當孩子能量低低動不起來時，就來給出一份好玩的心，點起好玩的小火苗，讓家，變成一個有趣好玩的地方！這些好玩的小火苗，一個一個落在這本書裡的故事與畫面裡。

想像著，可能十幾年後的有一天，女兒要出嫁了。婚宴上，燈光打暗，投影的大銀幕上出現新娘兒時的模樣，我猜想著，說不定有好幾個在這本書裡出現的畫面與身影，會在那個時刻，陪伴著喜悅流淚的把拔。

這本書，真心的分享這些珍藏的小故事，期盼故事能扮演著連結兩個世界的繩索、流籠、木橋。誠心期盼著，故事裡的那些好玩的場景畫面，有機會在不同的房子裡、角落裡、季節裡，立體的活起來。

Part 1
爸爸的鬼點子

照顧小孩長大，真是一件混搭著挑戰、趣味、歡笑、哀怨，又考驗著智慧的生命任務。如果孩子鬼靈精怪，照顧者的那些帶著創意的小點子，常常可以自然的迎接孩子的靈活與可愛；如果孩子乖巧溫馴，那麼，照顧者偶爾冒出的可愛小點子，說不定很有機會滋養著孩子內在彈性與直覺的力量。

我的兩個孩子，一個溫柔乖巧，一個靈活奇巧，於是，似乎呼喚著我，要把所有的潛力都叫出來，與孩子的成長一起飛翔。

故事，就從照顧孩子每天都要遇到的事情說起囉……

．人物介紹

大女兒：小名黃阿赧，二〇〇七年出生

小女兒：小名黃阿毛，二〇〇九年出生

「老公趕快回來，女兒找不到數學考卷！」

——孩子情緒卡住時

「老公，你趕快回來，女兒找不到她的數學考卷，她困住了，一直哎哀叫……」那是一個春天的星期五傍晚，電話的另外那頭傳來夫人的求救。

「好啊！十分鐘就到。」

十分鐘之後，我推開門，那個平常總是熱情的，第一個衝到門口迎接把拔的大女兒，今天沒有衝過來。國小二年級的小女孩頭低低，眼垂垂，身子完全不動的在餐桌的座椅旁，八歲的她，就這樣站著，沒有像平常一樣咚咚咚跑過來撲到把拔的懷裡。

我脫下球鞋，溫柔又安靜的對著女兒說：「來，來把拔懷裡，把拔疼疼你，你找不到數卷一定很著急又很挫折……」

女兒沒有表情、低頭很慢的走過來。**能量低的時刻，孩子的身體常常會第一個完整呈現出來**。因為能量卡住了，所以身體就跟著僵住了，於是內在原本擁有的資源就都**被還給了過去**，沒有好好的存在這個時刻了。

哎呀，資源都還給過去了，真是可惜了。

我深呼吸，用手溫柔的摸摸女兒的背，女兒開始啜泣了起來：「把拔，我都找過了，馬麻也幫我全部都找過了，我以為忘在家裡，所以跟老師說星期一會帶給老師，可是現在怎麼找都找不到，我昨天晚上記得我有把兩張考卷放進書包的啊……」

廚房那頭，傳來夫人的聲音：「你星期一跟老師說你找不到，然後跟老師要一張新的數卷，然後在學校找時間寫完就可以啦！」當母親的，用心的安慰女兒，也幫忙想著很實際的辦法。這總是讓我佩服的、個性偏清淡理性的夫人，真的能夠在慌亂的時節裡，想出可以解決問題，同時又真的可行的好方法。

女兒頭低低，雙唇緊咬。她困在情緒裡，困得牢牢的，牢到連小小的一小步都移動不了。

夫人叫我趕快回來，是有原因的。她知道，這個老公，常常有充滿溫柔的鬼點子，可以在給出疼愛的同時，又陪著孩子脫困。

孩子的身體僵住了。**僵住的身體，不會帶來任何流動的可能**。這時候，思考斷線了、回憶卡死了、內在空間縮小了，原本內在大大的天空，忽然只有泡菜罈裡擁擠的壓縮之後所剩下的一點點空隙。

所以，我動了起來。

孩子動不了，那麼，我先動。

我從客廳走到了睡房，邊走邊說：「黃阿赧，你知道把拔常常找不到什麼嗎？」孩子好奇了起來，她很少很少看到把拔找不到東西，所以，**好奇讓她抬起了頭**，望向我這一邊。**頭頸動了，好現象，接下來，要想辦法讓她整個身體都移動。**我繼續說：「把拔最常找不到的東西，就是把拔自己以前寫的文章。把拔常常要把一篇文章找出來好放進接下來的新書裡，可是卻忘了到底我把文章放在部落格的哪裡，然後不知道為什麼，輸入關鍵字去找，也總是找不到！」

「真的喔!?」

「真的喔!?」

客廳的女兒和廚房切著菜的夫人，同時的，不約而同的這樣問。

呵呵，太好了，**「真的喔!?」是上揚的語氣，孩子的能量已經從無力、拖垮，小小移動到一點點上揚囉**，太好了。

「真的啊！而且呀，你知道嗎？今天早上馬麻要我幫她找她的手機，你知道我找了十分鐘以後，在哪裡找到的嗎？你們兩個都過來，我指給你們兩個看！」在短短的半分鐘時間裡，**我說了兩個找不到東西的真實經驗❶，來先幫孩子的內在挫折打底**。

女兒和夫人一個從廚房一個從客廳，紛紛**好奇的走了過來**。我指著睡房床角的棉被，說：「我在這個棉被下面找到的，馬麻的手機好像是被藏好的一樣，超難找的，後來被我找到了。」當然，找到馬麻的手機這個梗，沒有特別的含意，**重要的是：不知不覺間**，

之所以會選擇在找東西的一開始，先說了兩個大人找不到東西的真實故事，是因為在孩子的心裡，把拔馬麻常常是很大的。當孩子聽到了這樣的故事，孩子的心裡想到像把拔馬麻這樣很大的人都會找不到想找的東西，那就很有可能讓孩子可以不那麼全然的待在沮喪裡。一旦沒有那麼難受，內在資源就有機會呼嚕呼嚕動起來的。常常，在解決問題之前，先打個情緒的底，分享一些自己類似的經驗，挺管用的！

我讓女兒整個身體，從原本杵在客廳那裡，移動到了十公尺以外的距離！❷

很可能是身體的移動，帶動了女兒心意的流轉，從客廳走過來站在床邊的她，忽然提供了一個新訊息：「把拔，我昨天下午有拿三四張紙給玟合姊姊回收，不知道那幾張紙裡面有沒有數卷。可是，我記得我晚上有把數卷收進書包裡，所以不會在玟合姊姊那裡。」玟合姊姊是來家裡幫忙的年輕小姊姊，此刻也正在書房整理著文件檔案。

這個新訊息，很有意思的！值得我們停留一下，拆開來分前後兩段來看：

前半段↓「把拔，我昨天下午有拿三四張紙給玟合姊姊回收，不知道那幾張紙裡面

心法❷ 之所以會如此強調身體的移動，是因為不管大人還是小孩，當一個人困住了卡住了塞住了擠住了，第一個反應就是僵住動彈不得，而這樣的僵住，就像忽然急凍的冰庫，讓接下來的自然流動沒有機會發生。那怎麼辦呢？想辦法，想辦法讓僵住的身體先動，身體一旦動了，動能在天地之間啟動了，接下來，心，就有機會動了起來。

有沒有數卷。」

這裡用的句法開頭是「把拔」，直接叫我，意思是要跟把拔說一件可能重要的事；然後，這一句話裡的動詞用的是「有拿」。「有拿」喔，不是「好像有拿」喔！這個訊息之所以重要，是因為這個訊息的提供時機，正好是在困住的身體終於移動之後的第一個時刻說出的話語。

在心理治療的世界將近二十年的歲月，在陪伴辛苦主角的生命經驗裡，我非常清楚的知道，主角一旦有了珍貴的身體移動，即使只是小小的移動，**那個移動的時刻說出來的話語，都絕對不是廢話，而是珍貴的故事線頭**。

後半段↓「可是，我記得我晚上有把數卷收進書包裡，所以不會在玟合姊姊那裡。」

哎呀，後面這一段話把前一句的線索全部在瞬間給鎖死了。其實，不然。

如果我們細細的聽，就會聽見語法的差別。這一段的描述詞是「我記得我晚上有把……」，注意看這裡的關鍵細節：不是「我有」，而是「**我記得我有**」喔！親愛的潛意識，親愛的直覺啊，總是這麼輕輕巧巧的，偷偷的又充滿光亮的，給了我們新線索。

「我記得我晚上有把數卷收進書包裡」這個訊息，跟我一進門時女兒說的「我昨天晚上記得我有把兩張考卷放進書包的啊……」是同一個訊息。而且，用的語法是不確定描述詞，因為都是「我記得我有」。既然第二天早上到了學校，小小的書包裡找不到數卷，那麼，晚上有把數卷收進書包裡的這個「記得」，看來，是無效的訊息。既然幾乎確定這是無效的訊息，那麼，後半段就沒有辦法鎖死前半段的重要訊息了。

想到這裡，我，開始興奮起來了。

「黃阿赧，你拿一張很像的數卷給把拔。」

女兒從書包裡拿出一張前兩天的數卷，說：「嗯，把拔，是像這樣的，可是找不到的那張數卷，這裡是寫第三十二頁，而且有寫我的名字在上面，我有寫名字。」

我拿著這張很像的數卷，走向遠遠的另一個角落裡，正在處理文件檔案的玟合姊姊那裡，女兒跟在把拔的身旁也一起走過去。我一邊給玟合姊姊看我手上拿著的這張很像的數卷，一邊說：「玟合，黃阿赧昨天下午拿給你的那三四張請你回收的紙，你有沒有看到很像這一張數卷的？」

玟合姊姊彎腰，從堆滿回收紙的紙箱裡，準確的拿起了那張編號三十二的數卷。

「啊！！！」女兒大聲叫了出來。

這個聲音，說得很清楚，就是這一張！找到了！

哈哈哈哈哈！

廚房的夫人趕過來，像是欣賞奇觀似的，看著笑呵呵的把拔，看著肩膀瞬間鬆了下來的女兒。

因為身體移動了，孩子提供了新的訊息；也因為把拔聽懂了孩子提供訊息裡不同語法所傳達的意思，這張編號三十二號的數學卷子被找到了，而僵住了的女兒，瞬間復活了。

大便成功抽獎輪

——透過遊戲，讓孩子便便順暢

那是一個很平常的傍晚，我看看時鐘，六點二十分，我在出門打網球前，聽到馬麻和女兒們的對話：

「黃毛毛，你幾天沒有大便了？」「兩天。」

「黃阿赧，你幾天沒有大便了？」「三天。」

兩個忙著玩耍的小子，被馬麻叫到餐桌旁，喝一種紫色的果汁各50cc.。我猜，那是要呼喚大便出來的果汁。正要出門的我，決定也來出點力幫點忙，於是我快速的忙了一陣，六點三十三分出門，開車赴運動約。

晚上九點十五分，我打完網球回到了家，一打開家裡的門，竟然兩個小子衝過來，大聲的說：

「把拔，我有大便！」

「把拔，我也有大便！」

哎呀！怎麼發生的呢？

傍晚出門打網球前，那「六點二十分」到「六點三十二分」的關鍵十二分鐘裡，到底這個滿腦子鬼點子的把拔，做了什麼？

短短的十二分鐘裡，我徒手創作了一個大便成功抽獎輪！因為時間短短，我從廚房的資源回收區，找出學生送的鹿港百年老店鳳眼糕的紙盒，用剪刀，快速剪成「類似圓形」，中間還挖了一個洞。不是沒事愛挖洞，是因為只要是轉輪類的創作，都要有轉動的支點呀！

然後，把這張硬紙板翻過來，在白

色的背面，用彩色筆快速的畫上鮮豔紫紅色中獎區。本來畫很窄，後來在六點二十九分時，把拔一試用，就出現這樣的擔心：「哎呀，如果小小的小女兒，連玩十次都沒有中獎，那這個轉輪就一點都不幸運了，就要換名字叫做哭哭轉輪。」

所以，就大筆快速一揮，把幸運中獎紫紅色區變得很大！

接下來，很快速的找到一個裝CD的塑膠殼，剛好中間有一個轉輪支點。哈哈，太棒了吧！

又找來一個家裡到處都有的方向便利貼（紅色半透明黏貼指標），那是我們家裡常常用來玩的一種遊戲，叫做「寶

物在這裡，請遵循指示方向前進，即可發現」。

哈哈，成形了耶！

真的會轉，轉到白色，就是沒有中獎；轉到幸運紫紅色，就會有驚喜小點心！

於是，晚上六點三十二分，當我出門打球前，我拿出這個剛做好的可愛小玩具，大聲的宣布：「小朋友！這個是把拔做的**大便成功抽獎輪**！你們兩個，只要有大便的，就可以玩喔！轉到紫紅色的幸運小朋友，就會有驚喜小點心喔！」

「把拔，那要是我沒有大便怎麼辦？」

（這太好了，我就是等這一句！❶）

「把拔跟你們說，可能七點，也可能七點半，有一點點想大便，或者想尿尿，然

心法❶

之所以我會說：「這太好了，我就是等這一句！」是因為當女兒說出這句「把拔，那要是我沒有大便怎麼辦？」的時候，**煩惱沒有大便的那個煩惱的主人翁，瞬間忽然從馬麻轉變成女兒自己**。本來，是母親認真煩惱著，而此刻，因為大便成功抽獎輪的到來，忽然之間，小女孩自動的關注起了自己的大便成功與否！這個關注的主人翁的移轉，是這個鬼點子的真心盼望。一旦小女孩關注起了今晚有沒有大便這一回事，下一句暗示詞（「把拔跟你們說，可能七點，也可能七點半，有一點點想大便，或者想尿尿，然後，就去馬桶那裡坐一下，哎呀，

後，就去馬桶那裡坐一下，哎呀，一不小心，大便就會像水餃跳水一樣，噗通噗通跳下水……」一說完，我就開門出去了❷。

時間，竟然這樣美麗的運轉，從傍晚六點多，到晚上九點多，孩子原本從不願意想大便這回事，移動成：「如果我沒有大便，那就太可惜了。」這樣的內在移轉，帶動了心念的力量。期待玩新奇可愛小遊戲的心，似乎是孩子心裡頭超大的動力呢！

馬麻準備的紫色果汁，晚餐的青菜纖維，都很有可能讓孩子的便便順利，身心通暢。而當兩個孩子興奮的跟爸爸報喜「把拔，我有大便！」的那個時刻，可愛新奇的鬼點子，也悄悄的實現了當爸爸的一份心願，願孩子快快樂樂的長大。

一不小心，大便就會像水餃跳水一樣，噗通噗通跳下水……」)，就有了滑進心裡頭的機會了。

心法❷

之所以我會一說完就開門出去了，是催眠暗示的一種經典做法——忽然說了一句話，然後轉身就走，留下聽者進入一種：「什麼？怎麼突然就說完了，他剛剛是說了什麼？喔～七點、可能七點半……」這樣的一句忽然給了的不太尋常的話語，常常會帶給聽者一份自然的餘音繚繞感，把剛剛那句話咀嚼感受，然後，如果暗示詞的內容符合聽者的內在需求或渴望，這樣的健康暗示詞發生功效的可能性就會大為提升。

創造期待的神奇隱喻

——「牛奶巧克力日」

前面幾個鬼點子，偏好笑，偏好玩，用到一點點生活小創意。而接下來這個牛奶巧克力的故事，偏溫馨，偏可愛，而且，當爸爸媽媽的，看了之後，會發現，很容易用出來喔！

年輕的時候談戀愛，會有一個不小的煩惱，就是一起吃飯時要吃什麼？夫人祖籍山西，愛吃麵食，而我是台灣鄉下孩子，特別愛吃剛煮好的米飯，哎呀，這麼一來，一起吃時很難找到米飯好吃、麵也好吃的店家。

還記得年輕時的我，發明了一個挺可愛的名詞，叫做「小花豹日」「小花貓日」，小花豹是我，小花貓是她，於是我們輪流，輪到小花貓日，就都聽夫人的，陪她吃她愛吃的麵食；輪到小花豹日，就聽我的，吃路邊攤香噴噴的滷肉飯或烤肉飯，是我會開心的選擇。於是，因為有了一個很好的名字——「今天是小花豹日」「明天是小花貓日」——忽然之間，輪流給愛竟然流暢了起來。

結了婚，生了兩個小可愛，日子裡，多了好多精彩，也多了好多分擔。前幾天，夫人說：「看朋友在ＦＢ上都去週年慶了，我也好想星期四去逛百貨公司的週年慶喔～」我估了一下自己的力氣，星期三我負責照顧女兒，星期四，我還有力氣繼續一天嗎？估量了一下自己，我心裡做了一個決定，來多撐開一點，多照顧女兒一些，讓夫人可以享受難得的購物快樂。

可是，七歲了依然極其眷戀馬麻的大女兒，如果一聽到中午在學校圍牆家長等候區那裡，連著兩天都會是把拔來接她，很可能第一時間就會哇哇叫，說：「我要馬麻！」所以，我做了決定要多撐開一點照顧女兒以後，**就開始想起了辦法**。

於是，星期三的中午，在圍牆邊，我接了女兒下課，換衣服、寫作業、睡午覺，女兒安心的在「星期三把拔日」的穩定流程裡順暢的和把拔相處著。下午，睡午覺睡得飽飽的女兒醒來，睜開她美麗的眼睛，看著她身旁正在筆記型電腦上寫著書的把拔。

我溫柔的看著**她因為睡眠充足而出現的小女孩滿足眼神**❶，開口這麼說：

「黃阿赦，把拔跟你說喔，明天會是『牛奶巧克力日』喔！」

從小能吃又愛吃的小妹妹，瞬間睜大了好奇的眼睛：「什麼牛奶巧克力日？」

呵呵，我繼續往下說：

「**把拔跟你說喔，把拔是牛奶，馬麻是巧克力**（粗體字部分語調上揚），明天中午啊，把拔會去學校接你喔，然後我們一起吃飯，睡午覺，然後，下午三點多四點你醒過來的時候，馬麻就會回來，在你身邊喔。把拔先照顧你，是牛奶，然後換馬麻照顧你，是巧克力，所以，明天是牛奶巧克力日喔！」

「哇！先把拔，然後馬麻，先牛奶，然後是巧克力，牛奶巧克力日耶！」

星期三的傍晚，馬麻從高雄外公那裡回

心法❶

這個時間點很關鍵，因為剛睡飽又自然醒來的時刻，這時候小朋友的能量狀態最充沛，內在資源最流動。因為狀態好，所以有足夠的好狀態可以接下即將來到的新變化。

到了台中的家，一開門，女兒已經迫不及待的跟馬麻說：「馬麻，把拔說，明天是牛奶巧克力日耶，是先把拔，然後馬麻，把拔是牛奶，馬麻是巧克力！」哈哈，夫人一聽，就知道老公準備撐起自己，多照顧女兒一些，讓她可以去購物治療了。

夫人笑得很開心，溫柔的跟女兒說：「這麼好喔，明天是牛奶巧克力日耶，那明天早上，馬麻準備真的牛奶巧克力給你喝，好嗎？」呵呵，真是太有意思了。

專注又穩定的當平凡的牛奶

星期四到來的時候，我在國小圍牆邊。我身邊散布著不少專心低頭滑手機的安親班老師或家長，而我，一如往常，專注的讓眼神直直的朝向校門口，等待女兒出現的第一個身影，以及她眼睛看見把拔時，會綻放的第一個微笑。

我很尊敬的催眠大師，米爾頓・愛瑞克森曾經這麼說：「**當你真的期盼，你的眼睛整個閃著想聽故事的光芒，那麼，眼前的人就會說出好故事來。**」我猜，當我真心等待，當我整個人都在迎接，當我的眼睛閃著光芒往前望，孩子被迎接了，被等待了，這時候，生命的綻放美麗是會發生的。

常常，遠遠的校門口那裡，出現綁著小馬尾的女兒的身影，我第一時間，就會在圍牆邊跳起來，興奮的揮手！！！然後再跳起來，再高興的揮手！！！哈哈，很像年輕人看到五月天、中年人看到達賴喇嘛、熱愛哺乳類動物的夫人看到鯨魚海豚會有的舉動……而女兒，一和把拔遠遠的接觸到眼神，瞬間綻放的笑容，跟她一歲兩歲三歲時，剛睡醒看到把拔時，一樣的純粹、一樣的美麗。

在大女兒的心裡，馬麻是她最甜美的巧克力；把拔，不是她最無法割捨的巧克力，把拔是穩定愛她的牛奶，溫熱而營養，是喝了會飽的那種營養品。**既然不是巧克力，就不是巧克力，於是不在角落裡黯然神傷，然後，深呼吸之後，好好的當穩定溫暖的牛奶**。這就是為什麼，我會在國小圍牆邊，用每一回熱情凝視又完整包覆的迎接，來穩定的當女兒心裡的牛奶。

接到了女兒，我轉頭和她的同學們聊天，然後，牽著手過斑馬線，聽她唧唧呱呱，說著：「把拔，我跟你說喔，我們今天上體育課，從腳底下傳球給下一個，然後一直傳，最後一個拿到球，就要跑到最前面。」

「喔，那很刺激耶，像是一種比賽，跑來跑去的，是嗎？」

「對呀！我們還要跑操場一圈。」

「喔，一圈很多呢！會不會跑一跑就腿痠了？」

「會呀，我們都跑半圈就累了，就都用走的，哈哈。」

＊＊＊

當溫熱的牛奶，一天一天的，懂孩子再多一點。會不會，青少年狂飆期來臨前，可以累積不少對這個孩子獨特的懂，因而有機會陪伴不好陪伴的生命多那麼一點點。

隱喻（metaphor）真的挺好用，**簡單的說，隱喻就是給出一個帶著創意的名字**。女兒喜歡吃，我就常用食物名稱來當做隱喻，牛奶巧克力，就是這樣的脈絡下冒出來的小創意。

隱喻除了拿來讓照顧孩子的流程順暢一些之外，還有一個神奇的功能，是幫助孩子學習，像是女兒國小一年級的數學題，任何難的題目，只要把題目裡頭的名詞（像是車子、人、屋子）換成食物（像是餅乾、棉花糖），她就能瞬間算出正確答案來。哈哈，既然這樣，我就來使用她喜愛的食物，用來象徵有點挑戰的照顧安排。

很有可能，因為把拔給了一個好聽又真實的隱喻名字，讓眷戀馬麻的小妹妹，對明天的牛奶巧克力日充滿了期待；而用心想出了一個好聽又帶著祝福的隱喻名字，是我可以給孩子的小禮物。

在生活裡，尋找孩子關注的種種、喜愛的東西、有感覺的動物，就有機會為孩子在重要的時刻、有挑戰、不容易的時刻，創造帶著祝福又充滿期待的隱喻名字。

於是，陪孩子長大的日子裡，多一點點好玩，多一點點親近。

「來，把拔幫你沖水！」

——放學後的變身儀式讓作息得以順暢

星期三，是夫人去高雄探望岳父的日子，這一天，我固定早上帶小女兒去幼稚園，然後中午去接大女兒小學下課。星期三這一天，是大女兒會期待的「把拔日」。

星期二晚上睡前，大女兒依偎在我的胸前，輕聲的問我：「把拔，明天是把拔日嗎？」我溫柔的說：「對呀～」她接著說：「每次把拔日，我都會睡午覺睡得好熟好熟……好特別喔，平常都睡不著，把拔照顧我，我都睡得好熟好熟～」

呵呵，好好聽的話語喔！真的是這樣。這個小傢伙不知道的是，把拔為了自己要好好睡午覺，用了多少催眠暗示，才讓這個無時無刻都動來動去的小一同學，安分又安穩的睡甜甜的午覺！

當把拔的幾年歲月，我有了一個理解：

所有小朋友的美麗好習慣的養成，都是一開頭很不容易，而後頭又接著很有毅力很有紀律，然後才得以創建的。

是我，爭取一星期裡要有一天，由我獨自照顧大女兒的。因為知道和孩子的連結一旦失去了，要連回來會很不容易，同時，也感謝老天爺，給了我珍貴的彈性時間，讓我得以這樣選擇。孩子一上小學，我知道那些排山倒海的國小社群的影響、師長同學的價值觀、學校的規定、同學的各式各樣，都一定會灌入我女兒的身體、心裡。

我能做的，是不放棄與我的女兒擁有獨一無二的連結。這個把拔女兒的連結，是高山上保暖的營火，如果可以，期許柴火源源、氧氣不絕。

還記得小一開學前，女兒剛有了新書包、新體育服，就是那時，我開始了陪伴女兒的把拔日。星期三的中午，國小圍牆邊，標示著一年四班的家長等候區，我總是蹲在牆邊，看著穿著安親班背心的安親班老師拿著旗子等待著。圍牆邊的樹下，有一個現烤雞蛋糕的擔子，烤雞蛋糕的壯碩阿伯，是我打網球的球友，我們都用閩南語的雞蛋糕諧音，叫他「雞卵哥」。

等待女兒走出校門之前，我總是跟雞卵哥閒聊著，聊著在球場上和他拚鬥的畫面，六十幾歲還老當益壯的雞卵哥，總是笑得很開心。等到十二點零八分，女兒從校門口衝過來抱我時，我全心全意的迎接她，同時，我會拿十元，讓小妹妹去買雞蛋糕。雞卵哥阿伯，會給她四個（平常都是三個十元），小妹妹就會開心的說，阿伯多給我一個耶！

我已經不只一次，因為不捨得孩子出校門看不到把拔，而紅燈右轉，被警察攔下。還好，台中的警察聽到我要去接小孩，總是會放下他手上那個讓人感覺有點機車的本子，說，下次要注意，然後讓我走。所以啊，我知道，如果我哪一天，因為路上耽擱了，沒能在十二點五分趕到圍牆邊，女兒的眼光，可以停留在雞卵哥阿伯烤著雞蛋糕的熟悉背影，而不至於太慌亂。

沐浴更衣，自然的脫去洗去上一個角色

接到女兒回到家裡之後的第一件事，就是讓她沖沖澡，然後換家裡的衣服。這是一個我自己行之多年的儀式行為：沐浴更衣（不知道我有沒有記錯，孔子還是孔子的弟子好像也很愛這一味）。

對我來說，沖水然後換衣服，透過水流的天然負離子，洗去上一個角色與環境的能量附著，讓我們可以自然的從一個地方離開，從一個角色離開。其實，在我們的文化裡，有不少跟這樣相關的好儀式，像是吃豬腳麵線、過火等等都是。水，是最方便可以取得的好材料，來調節人的氣場與能量場。沖沖水、泡泡澡，常常可以很快速的帶來好狀態。

於是，拿著蓮蓬頭幫女兒沖水的我，順口說著：「好棒喔！沖一沖水，好舒服，等一下換個衣服，就完完整整的開始把拔日了。」❶ 沐浴寬衣，沖沖舒服的熱水，換上家裡自己喜歡的衣服，真的女兒，而不是小一的學生，完整的女兒，就有機會來到我的身邊，切換到新的角色，新的關係，新的心

心法❶ 這裡順口說著：「好棒喔！沖一沖水，好舒服，等一下換個衣服，就完完整整的開始把拔日了。」是很簡單易學易操作的暗示語法。一邊沖著溫溫的舒服的水，一邊鼓勵孩子離開上一個角色，完整的進入和爸爸的同在裡。

心法❷ 這個短短的沐浴更衣儀式，讓孩子自動的、流動的、自然的，回到把拔的女兒的角色。於是，學校給的規定、因為群體生活而不得不有的壓抑與遵從，可以留在剛剛脫下的學校體育服上頭，把氣味，連同感受心情，都真的脫去。因為得以切換，因為得以脫去，我們有機會擁有自由流動的可能。如果沒

情❷。

沖完澡，換好舒服的衣服，女兒會開始寫作業，然後吃午餐，接著，就到了關鍵的睡午覺時間。記得兩個月前，女兒和把拔互動模式剛開始要建造時，我們的對話是這樣的：

「把拔，我不要睡午覺！」

「把拔，我睡不著。」

「把拔，馬麻照顧我的時候，我都不用睡午覺。」

「把拔，我不想睡。」

這種「不要這個、不要那個」的語言，常常會把充滿愛的把拔或馬麻逼到牆角。哈哈，不巧，這個孩子的把拔不特別怕這種。

我看著小妹妹很想一直玩一直玩不要睡的眼

有切換，沒有脫去，我們就帶著上一個運作模式、上一個角色責任、上一個應該遵循、上一個不能這樣不能那樣，帶著這麼多的上一個來活著現在這個時間。帶著那麼多的上一個，有時候會讓這一個時間，很困難好好真的活著，或者，會活得好辛苦。怎麼辦？不難，創造生活小儀式，就可以切換開關。

光，然後，我溫柔又堅定的說：

「黃阿福，把拔跟你說，把拔照顧你的時候，不知道為什麼，你就會睡得好熟好甜好舒服。而且啊，不知道為什麼，一下子就睡著了。醒過來的時候，會覺得精神很好，玩起來，特別開心喔！」

女兒聽了一長串的話語，愣了一下，繼續她的堅持與碎碎念：「可是馬麻照顧我的時候，我都不用睡午覺……我等一下一定睡不著……哼……」

羅馬不是一天造成的（對啦，哈克也需要用格言勉勵自己），小妹妹可以堅持繼續碎碎念，我也可以繼續練習我的健康暗示語法。

我把睡房的窗簾拉下，枕頭擺好，把睡覺的空間弄得舒舒服服，我自己躺下，摸摸女兒的頭髮，摸摸女兒的背，繼續溫柔的說：「把拔輕輕摸摸你的背，你的手輕輕的抱著把拔的肚子，不知道為什麼，睡著變得好簡單，睡得好香好甜變得好舒服……」

十分鐘之後……

「把拔，我睡不著。」（一樣的語言，但是語氣已經不一樣了，是想睡了，但睡不著，是想要被撫慰的聲音。）

「呵呵，把拔小時候也會這樣，想睡但是睡不著。來，把拔摸摸你的脖子，摸摸順順你的背，一下子，就會睡著喔，而且，把拔猜，你會睡兩個小時，好舒服喔！」

「把拔，我想睡一小時就好了。」

「好ㄚ……」（這小子，從打死不肯睡，已經進展到要睡一小時了耶！心裡可以放鞭炮了！）

「好ㄚ……睡一小時很好，睡兩小時也很好，都很好，好棒，可以在這樣舒服的中午，好好睡一覺，真是太好了，我們一起睡得好熟好熟……」

兩個月來，我們總是下午一點半進房間躺下，到了下午三點半左右，大女兒會睜開眼睛，然後問：「把拔，我有睡著嗎？」哈哈，已經早就睡飽了的我開心的說：「你看時鐘！」

「哇！把拔！我睡了兩小時耶！好特別喔！把拔照顧我，我就睡得好熟喔！」

哈哈哈哈，小女孩，從需要二十分鐘才入睡，在連續四週的操作執行之後，大約只要兩分鐘，她就已經熟熟的像個小天使似的，好好的睡著了。而我持續使用的健康鼓勵暗示語詞，似乎慢慢的成為小女孩生活上的語言：

「馬麻，好奇怪喔，把拔照顧我的時候，我就很快就睡著。」

「馬麻，我每次都說只要睡一小時就好了，可是我不知道為什麼，都會睡得好熟好熟，然後睡兩小時耶！」

好的暗示語言，就這樣，悄悄的成了孩子長大過程裡自動化的思考路徑。催眠暗示詞，其實不怎麼難，帶著愛，多說一次，然後再來一次，忽然有一天，孩子就收進心裡了。

把火藥味濃的時刻，翻轉成歡樂時光

那是一個跟往常很像的星期二晚上，八點半，浴室與臥房那裡，傳來很熟悉的夫人的聲音：

「黃阿赧，你便當盒洗了沒有？」

「還沒有，可是我和阿毛玩美眉遊戲玩到一半啊！」

「厚，便當盒沒洗，還理直氣壯個屁啊！」我在心裡這樣嘀咕著，只是，這時候罵小孩有點可惜，所以我沒有把這句話說出口。

幾乎每天晚上八點半到九點，都是當媽媽的，要趕孩子去做這個、去做那個的關鍵半小時。如果要孩子健康的九點準時上床關燈睡覺，這關鍵半個小時，常常是家裡面火藥味最濃的三十分鐘。

在家事永遠做不完的背景條件下，當母親的，這三十分鐘要平心靜氣的存在，難度跟爸爸要去帶兩百位大學導師輔導知能研習，是差不多一樣難的。我懂那個難，所以我深深的讓自己深呼吸三次，在深呼吸裡開始呼喚我的鬼點子來到。原本那個正在整理滿地的漂流木而滿身大汗的我，走到了浴室與臥房交界的走道那裡，蹲下來，很有力氣的說：「黃阿赧，黃毛毛，來把拔這裡集合。」

兩個女兒，一個七歲一個五歲，訓練有素的跑到我的跟前。

「你，坐這裡。

「你，坐這裡。」我下著清晰的指令。

兩個女兒很快的坐好，看著把拔。她們知道，把拔集合她們，有兩種情形。一種是雖的（衰的），叫「訓話」；另一種是快樂的，叫「把拔發明了一個新遊戲」。好，今天，是複合式的。

我開口說：「你們知不知道，晚上八點半到九點之間，是你們兩個，最容易被馬麻罵的時間？」兩個小傢伙都點點頭。**這句話，跟她們的經驗完全吻合，無法否認。**

「然後，你們明明玩得很開心，又一直被馬麻叫你們去做這個做那個，就一直被打斷，**沒有辦法完整開心的玩，這樣是不是很笨蛋？」**❶兩個小傢伙都帶著被了解的微笑點點頭。這句話，跟她們的經驗也完全吻合，無法否認。

「**所以，把拔要教你們一個新方法，讓你們等一下八點四十五分到九點整，都可以玩得超開心不用怕被打斷。**」兩個小傢伙眼睛瞬間亮起來。遊戲，是她們每天活著的渴望，能暢快的玩耍比什麼都重要。

「我要你們，幫把拔一個忙。把拔很怕馬麻生氣的聲音，尤其是八點半到九點之間，所以，等一下，八點半到八點四十五分的這十五分鐘，我要你們兩個收集一種東西。」兩個小傢伙眼睛帶著期待很想繼續聽。

「接下來十五分鐘，我要看看，誰，收集得到『哎呀，好棒喔～』？

「你們要自己去找找看想想看，睡覺前

心法❶ 在這裡，暫時放下管教的心情與內在語言，是很關鍵的。愛玩，是孩子的天性；想暢快的玩，是孩子很大的渴望。因此，在這個關鍵的三十分鐘，如果可以有些時候，考慮不用嚴厲的語言來讓孩子就範，而深呼吸一下，試試看說出一段話語，一段吻合孩子內在經驗的話語，似乎不但不會讓我們被孩子牽著走，而且，還很有可能讓孩子因為覺得被了解，而願意自然的移動到更輕鬆快樂的互動模式。

如果完成了哪些事情，馬麻就會很開心的跟你說『哎呀，好棒喔～』？

「開始！」

咚咚咚咚，兩個女兒瞬間站起來，眼珠子滾呀滾的，不到一分鐘，整個家裡的氣氛瞬間丕變。一陣跑步聲傳來傳去……

「馬麻，我把地上的運動服放進洗衣籃了！」「哎呀，阿毛好棒喔～」

「馬麻，我刷好牙了！」「哎呀，黃阿赧好棒喔～」

「馬麻，我把枕頭套裝好了！」「哈哈哈，哎呀，阿毛好棒喔～」（ㄟ，連枕頭套都去裝了耶！）

「馬麻，我把聯絡簿放在桌上等你簽名了！」「哎呀，黃阿赧怎麼這麼棒～」

「馬麻，我把門口那個把拔亂丟的球鞋收進鞋櫃裡了！」「呵呵，哎呀，阿毛好棒喔～」（厚～關你把拔的球鞋什麼事啦！）

「馬麻，我洗好便當盒了！也整理好書包了！」「哎呀，黃阿赧怎麼這麼棒～」

八點四十五分，兩個小傢伙，已經在家裡，晃來晃去，找不到任何睡前應該完成的事情了。正在把漂流木整齊按照粗細形狀擺好的我，看著可愛的兩個女兒，說：

「黃阿赧，黃毛毛，你們兩個棒透了，把拔謝謝你們這麼有行動力，把睡前的事情全部都做完了，還照顧到了馬麻，太好了。好，開始快樂的玩美眉遊戲吧！」一八點五十分，這個原本火藥味很濃的時刻，忽然因為一個鬼點子，而出現了快樂的時光感。夫人可能感受到了這份安靜滿足的時光感，從浴室化妝台那裡，送給了我一個開心的微笑眼神。

鬼點子，只是想讓這個家，衝突難受少一點點，快樂輕鬆好玩溫馨多一點點。一回一回，在原本可能卡住困住的小地方，移動一下原本的身體姿勢，然後想一想：

「ㄟ！這個時刻，如果來做點或說點什麼不一樣的，或者，如果有什麼樣的鬼點子可以出現，那接下來的時光會很有意思呢？」

孩子不愛吃你煮的東西怎麼辦？

——在家點菜篇

當爸爸媽媽的人都有一個煩惱，就是，認真買菜下廚煮飯燒菜之後，孩子如果不愛吃，哎呀，那是人生灰暗的時刻啊！

我們家夫人做得一手好菜，夫人拿手的菜色偏向西式；而我呢，土生土長的台灣人，爸爸客家人、媽媽閩南人，所以我的台菜挺有特色。夫人順手的食材，有起司、通心粉、青菜等等；我順手的呢，有醬油、冰糖、燉湯、烤物……

有一陣子連著幾天，夫人用心的下廚，我吃得很開心，可是，五歲的大女兒不知道是不是提早進入青春期了（最好是啦！），這個不吃那個不吃，搞得夫人火氣旺旺。我聽聽風聲看到火勢不太對，星期六的中午，我決定換我「撩勒企」，騎著腳踏車去全聯買菜，今天把拔要來下廚做菜了！這天我要煮的湯，平凡無奇，蘿蔔排骨湯。一邊煮，已經聽到大女兒從客廳傳來的聲音：

「把拔，你在煮排骨湯喔，我不要吃～」這傢伙鼻子之靈的！

K&*%$#OU

為了保護自己，不要承受等一下可能的「灰灰天空獨自一人受冷風吹」的被拒絕悲慘下場，我決定發揮心理學家加上催眠師的綜合能力，奮力一搏！身為把拔的我，深呼吸，保持鎮定，讓自己回到安靜的內在中心。

「黃阿赧，拿一張椅子來，把拔跟你玩一個遊戲！」

聽到了神奇魔術關鍵字「玩一個遊戲」，大女兒好奇的，從客廳那裡拿了一張椅子來。我要她站高高，可以看到把拔正在鍋爐旁邊熬著湯。

「黃阿赧，你看看，這裡有青椒、紅椒、丸子、番茄、蔥，你跟把拔說，要加什麼進去正在煮的排骨湯裡？」

「我要加丸子。」

「整顆的還是切小顆？」

「小顆的。」

「好！還有呢？」

「我還要加番茄！」

「好的。」（女兒每說一樣，我就加那樣進到湯裡。）

女兒就這樣站在小椅子上，看著把拔在爐子上，把一鍋湯，變得越來越豐富繽紛起來。

「黃阿赧，我們接下來，來玩一個新遊戲好不好？」

「好ㄚ！什麼遊戲？」（小妮子眼睛打開囉！）

「把拔要你去找一張紙，上面畫你今天要吃的東西，像餐廳點菜一樣喔！然後你畫好了以後，把拔就會把你點的菜，放在你畫的圖的正前方給你吃喔！」

「哇！那把拔，你今天有煮什麼？」（小妮子眼睛都亮起來了！）

女兒站在高高的椅子上，看著我輕輕翻攪著排骨湯，讓裡面的料，一樣一樣出現在女兒的眼前。然後在餐台上，擺出已經陸續做好的其他食物。而女兒興致勃勃的拿著彩色筆，畫出了她這天中午點的菜。

而夫人，一邊忙著掃地、洗衣服、晾衣服什麼的，一邊興味盎然的看著這一切的正在發生。十二點十五分，我大聲宣布：「黃阿赧！幫所有人擺碗擺筷子囉，把拔要上菜囉！」女兒非常積極的擺碗筷，坐好位置，笑笑的充滿期待的等待著。就在她的點菜單前，我拿了一個長條形的盤子，依照她的圖畫，擺上煮好的食物。這一餐，吃得好開心喔！

怎樣可以又好玩又營養均衡？

只要真的有親自照顧小孩的爸爸媽媽，會有一個疑問在這個時刻自然的冒出來：「讓孩子點菜，那萬一孩子偏食怎麼辦？」

我一邊煮飯，一邊也有認真想著這個問題。所以，除了透過讓孩子選食材放進湯裡，提高孩子的參與，進而讓孩子喜歡吃以外，我還偷偷的用了一點點策略呢！

「黃阿柀，把拔跟你說，你等一下想要加點的時候，要畫兩個、四個或六個，都要是雙數喔！」所以，五歲的小傢伙，會因為想吃一種她習慣吃的食物，就會加點其他幾樣她比較沒那麼習慣吃的。等吃完一輪之後，小女孩又說：「把拔！我還要吃丸子！」我就說：「那你一次要點兩種喔！」

小女孩，很自動的進入這個規則，說：「好！那我還要吃番茄。」呵呵，就這樣，用心也用方法，照顧著逐漸長大也逐漸有自己意見的女兒❶。

倒帶一下，這個「煮食」加「上菜」的四十分鐘裡，時間序是這樣的：

十一點三十五分↓滾水燙排骨（豬肩排一份＋豬腹排一份），換水之後大火煮滾，中火續煮，加入去皮薑塊、蔥段，還有哈克熬湯祕密醬汁。

十一點四十五分↓邀請女兒在高椅子上觀看把拔的「四十分鐘給你好菜」開演，女兒選擇三種食材，加入排骨湯裡，顏色多起來囉！

十一點五十五分↓女兒拿了一面印過的回收紙，在餐桌上畫起了圖，開始期待等一下會發生的種種……一邊畫，還要一邊問自己：「等一下加點的時候，我要吃兩種，還

心法❶

點菜，是一件很好玩的事情。去餐廳，如果點到不喜歡的菜，你不會全怪餐廳，因為你會把一半的責任還給自己，跟自己說：「唉～下次要來點別的。」也就是說，一旦進入點菜的狀態，我們已經動身開始要負責這一餐的快樂滿足了。讓已經開始有自己意見的女兒，畫出想吃的，進入有趣的點菜模式，於是，當菜上到她面前，那個菜，出現在她畫的圖畫的正前方，小妮子除了興奮，還有一種點菜成功的快感。於是，忙著興奮，忙著開心，就忘了說那一句讓爸爸媽媽洩氣的話：「我不要吃這個……」（還會加上讓人火氣加碼的嘟嘴。）

是四種，還是六種？」想到了三種，就只好再想第四種；又想再吃一種，只好又想第六種。於是，原本只說要吃丸子和排骨的女兒，就一步一步的，自動走向食物多樣化。

十二點十分↓把拔要女兒擺餐具，同時跟馬麻介紹她在餐桌上擺好的圖畫，說明哪一個是什麼，然後等一下把拔就會把食物放在這個畫的前面喔。創造期待，真的不是容易的事，同時，也可以就這樣好玩起來的！然後五分鐘以後，十二點十五分，上菜！吃！快樂的吃這一餐。

這天的晚上，睡前小朋友在床上滾來滾去的時光，女兒輕聲的跟我說：「把拔！下個星期六，我們再來玩一次這個畫畫點菜，好不好？」

「好ㄚ！親愛的孩子，當然好ㄚ。把拔很高興你喜歡呢。」

Part 2
和孩子的直覺
力量連上線

這些鬼點子，是怎麼來的？

可能有些朋友讀完Part 1之後，會有一份好奇想問：「哈克那些突發奇想的鬼點子，到底是怎麼來的？」

鬼點子，有點趣味，有點出乎意料之外。這些帶著趣味感的鬼點子，我相信，都是從我的直覺資源世界那裡跳出來的！用我慣用的語言來說，就是從潛意識寶庫裡跑出來的！只是，潛意識是一個偏抽象的概念，大家都知道如果可以順暢的提取潛意識直覺資源是一件很美麗的事，只是，要怎麼提取呢？要怎麼靠近直覺資源，要怎麼接近潛意識呢？甚至，要怎麼陪伴孩子，讓他們從小就生活在一個潛意識直覺土壤豐饒的環境裡呢？

身為潛意識直覺工作者二十幾年的歲月，我一直很想把這些第一手的潛意識資源提取故事寫下來！我的第四本書，《你的夢，你的力量》，說的是從夢境接近潛意識直覺，進而傾聽潛意識智慧的提醒或指引。而這本書，在這個章節裡，想要好好的來說，在生活裡，怎麼樣可以陪著孩子，一起耕耘潛意識直覺的苗圃。

一家人一起出去玩，常常是種下潛意識綠苗的超棒時機，來看看接下來這個很逗趣的真實故事……

「冰冰水游泳池，冬天玩幾分鐘最快樂？」

大女兒七歲的那個冬天，我們有了一個難得的家庭冬日小旅行，來到礁溪。冬季的礁溪，冷風下的溫度大概只有十二度，四十二度的溫泉池，暖暖的白白的煙，飄在水面空中，美麗極了。過了一夜，在礁溪一早醒來，兩個正愛玩的女兒，很正常的，似乎看不見溫泉池的舒服與安適，唧唧咕咕吵著要玩游泳池。游泳池的水，哎呀，是冰涼涼的……

我想起了前一夜在游泳池畔的畫面……十二度的低溫下，夫人窩在溫泉池裡，她帶著好多的愛與關懷，口口聲聲的趕著正在冰水游泳池裡玩樂的女兒：

「黃毛毛，你趕快進來溫泉這裡啦！

「黃阿赧，頭髮不要下去，頭髮一下水，失溫會很快。

「你們兩個，泡熱熱溫泉的時間要久一點，身體溫暖了才去玩游泳池啦！唉，這樣馬麻會擔心啦～」真是辛苦又努力的母親啊……

這是昨夜的畫面與聲音，而昨夜已經是昨夜，今晨，輪我了。

小女兒愛畫畫，吵著要去ＤＩＹ手繪口罩；大女兒興致勃勃的，還是要去寒風中的游泳池。夫人抬頭用水汪汪的眼睛看著我，我猜，她的眼神說著的是：「親愛的，我不要去那裡，那裡很冷，我想陪阿毛，你陪黃阿赧去吹冷風，好嗎？」

哈哈，我讀懂了夫人的眼神，轉頭用很興奮的語氣說：「黃阿赧，今天，把拔陪你去游泳池玩得超級痛快，好嗎？」女兒笑得好開呢！大力的點點頭。這孩子，從小就知道，跟把拔玩，總是比原來想像的還要好玩！

女兒瞬間穿好了泳衣，除了她自己的，還幫把拔拿了泳帽蛙鏡！有讀懂大女兒幫把拔拿泳帽蛙鏡的意思嗎？意思很明顯的是：我要把拔陪我下去冰冰水那裡。

「只是，嘿嘿，黃阿赧小妹妹，你知道嗎？你爸爸可是不會輕易的被冰冰水搞到大呼小叫的！」（這一句是無聲的，沒有說出口也不要說出口的把拔內心戲。）

我不動聲色的，在心裡開始擬定一份精彩的暖暖身作戰計畫。想了一分鐘，差不多有譜了，我拉著女兒的手，大步往游泳池畔走去。

「把拔，我好喜歡冬天玩冰冰水喔！」

「呵呵，黃阿赧，把拔跟你說，把拔一想到要跟你一起玩冰冰水游泳池，就好興奮喔～」

「喔，把拔，天氣那麼冷，你不怕冰冰水喔？」

聊到這裡，我們剛好走出戶外，瞬間來到了十一度十二度的空氣，真的是冷啊，這跟我設計的橋段正好配合。把握這個冷風襲來的精準時機，我說：

「把拔跟你說，冰冰水最酷了，尤其是冬天玩，最過癮，超好玩！把拔跟你說，我們等一下去游泳池，不要先進溫泉池，我們直接就去冰冰水那裡，一直玩一直玩，連續玩半小時！這樣一定超好玩！」

女兒一下子認知失調，昨天馬麻耳提面命一直叫她們要先泡熱的再玩冷水池，怎麼眼前的把拔說要直接去冰冰水那裡!?小女孩想了幾秒鐘，睜大眼睛說：「我不要，我要先去泡溫泉，讓身體熱了，才去玩冰冰水那裡。」

「喔，那就不刺激了呀，我覺得直接進冷水，超酷的！」

「不要，我要先泡熱的。」小女孩篤定了起來。

「呵呵，好丫，那把拔就陪你，先泡一下熱呼呼的，可是不要泡太久喔，我一下子就要去冰冰水那裡了。」

小妹妹歪著頭想了一下：「我要泡到暖暖的，才要下冰冰水那裡。」

哈哈哈哈，好啊。

到了游泳池畔的溫泉池，小妹妹和我，一起舒服的泡在暖呼呼的熱水池裡，舒服到都想閉上眼睛了呢！三分鐘後，小女孩蠢蠢欲動了，她的身體準備要翻身進到冰冰水游泳池了，浮板也準備在一旁了，關鍵的時刻又來了！

「黃阿赧，把拔問你喔，你覺得啊，到冰冰水幾分鐘，再回來熱熱水幾分鐘，你會最快樂？」（這裡，已經偷偷暗示，要有快樂，是要交替的……）

女兒在熱水裡，想了想說：「冰冰水十分鐘，然後回來熱熱水一分鐘。」

「這樣喔～哇！你確定厚？那等一下把拔幫你設鬧鐘算時間，十分鐘以後，才可以回來把拔熱熱水這裡喔，十分鐘沒有到，你就要在冰冰水那裡一直玩一直玩，玩得超快樂的！知道嗎？好，準備好就去冰冰水那裡十分鐘喔！」

「等一下，把拔，等一下！」（你爸爸就在等你這一句「等一下」。❶）

「喔～怎麼了？」其實我已經快要笑出來了，但是依然很認真的繼續努力。

「等一下，我要改一下，我要去冰冰水那裡五分鐘，然後回來熱熱水這裡五分鐘。」女兒挺有自信的這樣說。

「喔！這樣喔，好丫！那如果你五分鐘之內就很冷很冷很想回來熱熱水這裡，就要對空中大聲的說：『唉攸威呀，拜託拜託，我要回熱水了！』然後就可以回來了。」一說完，我就接著跟女兒說：「把拔要去下面那裡泡泡熱熱的原湯喔，你自己開始玩吧，祝你有快樂喔！」

然後，上面這句話一說完，我就準備要離開女兒的視線範圍了。噗通一聲，女兒下冰冰水了。我也往下頭那一區走去，真的讓女兒看不到我。

會離開女兒的視線範圍，是想讓管教的視覺框框退位；而待在附近，是要同時保有關心疼愛的氛圍。這樣一來，創造一個機會

心法❶

之所以會說「我就在等你這一句『等一下』」，是因為當女兒自己說出「等一下」的時候，那個昨夜被耳提面命，要泡暖暖才能去冰水游泳池玩的小女孩，忽然之間，成為了自己的主人；她不知不覺中，把照顧者的考量放進了她自己的考量系統之中。她的心裡可能是這樣自問自答的：「我昨天晚上在游泳池是大概多久會太冷不舒服的？有十分鐘這麼久嗎？ㄟ，好像不到十分鐘喔，那怎麼辦？把拔說十分鐘要計時，時間到了才可以去溫泉那裡。嗯，嗯，好，那我要改，改短一點，不然我會太冷，太冷不會快樂的。」

來讓女兒的內在力量可以自己出現，自己掌管自己的行為和流程。於是，女兒，真的擁有大大的空間，在天地之間，同時，也擁有著支持。

三分鐘不到，我聽到空中傳來「唉攸威呀，拜託拜託，我要回熱水了！」的聲音。我笑笑的，走上去，看到女兒，已經舒服的在熱熱水那裡踢著腳了。我翻身進到暖暖水裡，在水裡抱著女兒：「呵呵，你跑回來熱熱水這裡啦！」

「對啊，我有說拜託拜託，呵呵。」

「黃阿赧，我們來一起問問你的聰明小精靈❷：『今天啊，這個時候啊，在這裡啊，不知道，進冰冰水幾分鐘，然後回來熱熱水幾分鐘，最最，最會快樂？』」

心法❷

聰明小精靈，是女兒詢問自己的**內在直覺訊息**時的輔助小幫手。聰明小精靈的誕生故事，在下一篇故事裡有清楚的呈現。

小女孩順暢的閉上眼睛，美麗的眼皮眨呀眨，三十秒後，她睜開眼睛：「把拔，聰明小精靈說：『冰冰水兩分鐘，熱熱水三分鐘。』嗯嗯，這樣很舒服。」

「呵呵，好ㄚ，真是聰明的聰明小精靈！」我微笑著這樣鼓勵著。

接下來，我的管教任務、保護任務，幾乎完全卸下，整個交給了女兒的聰明小精靈接管。這個冷冽的早晨，我們兩人，都暖呼呼，又快快樂樂！

把拔的鬼點子，真是賊呀！

如何喚醒孩子心中的聰明小精靈？

大女兒，這個幾年前還在地上爬的小貝比，已經是個亭亭玉立的小女孩了。我的第三本書（和錦敦一起寫的那本），《陪一顆心長大》，裡頭聽說有一個故事是不少朋友津津樂道的，那個故事叫做〈跟小精靈說說話：「今天可以吃幾根薯條？」〉。

那是大女兒五歲多時發生的對話，那個故事的簡短版是這樣的……

那一天，我和女兒一起吃午餐，在家裡附近的小餐廳點了一個簡餐，簡餐附了一小盤薯條，小朋友看到薯條，基本上是沒有抗拒能力的，我想，ㄟ，好，太好了，來試試看我們家的小孩，心裡有沒有住著小精靈！

女兒的眼睛直直的望著薯條，我呼喚著她：「黃阿赧，你很想吃薯條厚！」女兒開心的笑著點頭。我繼續說：「等一下，你閉上眼睛，然後問問你心裡的小精靈，問問你心裡的愛吃小精靈，今天想吃幾根薯條，然後接下來問問你心裡的健康小精靈，今天吃幾根薯條會很好？」

當把拔的，忐忑又好奇的看著女兒。小女孩輕輕的閉上了美麗無比的雙眼，眼皮眨呀眨，眼球也轉呀轉，頭還微微偏一邊，然後出現一抹微笑，睜開了眼睛，她說：「愛吃小精靈，今天想吃八根薯條。健康小精靈，今天想吃六根薯條。」哈哈哈！太酷了吧！這傢伙，真的可以問小精靈耶！我開心的拿了七根薯條，放到她的盤子上，她數了數，微笑著說：「七根耶，好棒喔！」

就在神奇的七根薯條出現的那個晚上，我去打網球，夜裡回到家洗好澡時，孩子都熟睡了，夫人輕聲的和我說：「今天女兒吃晚餐時跟我說，你問她小精靈的時候，她閉上眼睛，好像真的有一隻小精靈在跟她說話ㄟ！」呵呵，這樣喔！真好真好。就這樣，這個孩子，跟自己的潛意識，有了第一回合的親近接觸。好棒！好棒！親愛的女兒，把拔聽到你這樣說，真為你開心呢！

「聰明小精靈」帶來的神奇力量

一轉眼兩年過去了，女兒的健康小精靈和愛吃小精靈，持續的陪伴著她度過幼稚園大班、國小一年級，這個冬天來到了國小二年級。

不知道從什麼時候開始，女兒的心裡，開始擁有著屬於她自己的直覺通道！我猜，可能是因為每天早晨，她總是看著把拔閉上眼睛，問：「生命的這個時刻，我最想創造的是……」一天一天，小女孩看著把拔跟潛意識直覺溝通、說話、祈求，看多了，很可能，她跟自己的直覺說話，也成了她的一部分了。

女兒常常問我：「把拔，現在幾點？」我幾乎是不看時鐘的，我會閉上眼睛，然後睜開眼睛，然後說：「七點二十五分。」

「把拔，你不看時鐘，怎麼知道時間？」

「我啊，心裡有一個時間小精靈，會跟把拔說現在幾點！」

「真的喔？」小女孩驚訝的問。

「對呀，不然你去看時鐘，看看把拔的時間小精靈準不準。」

「好～……ㄟ，真的耶，把拔的時間小精靈好厲害！」

（二十年的潛意識工作之後，我的時間小精靈，誤差值通常大約介於三分鐘到六分鐘之間。）

大概是這樣類似的對話一天一天發生，女兒，也自然內化了跟身體溝通、跟潛意識直覺說話的習慣了。所以，有一天的中午，發生了這一件神奇的事情……

那天，是跨年的日子，中午時分，我央求女兒，讓我陪她睡午覺。七歲的小女孩，不知道什麼時候動了念頭說她想要訓練自己的獨立，所以，我和夫人，已經好幾次被她叫離房間，因為她說她要自己練習睡午覺。

前一天晚上，因為網球社團的年度會長交接聚餐，我回到家時女兒已經睡了。我想念女兒，所以這天跨年的中午，我央求女兒：「黃阿赧，你今天讓把拔抱著你睡好不好？」小女孩眼珠子轉呀轉的，頭斜斜的感覺了一下，說：「好ㄚ！」

呵呵，當把拔的我懷念女兒小小的在懷裡的溫存，還好依然有一些機會可以享受。我抱著女兒，凝視著她的眉毛、眼珠子、眼白、鼻子、嘴唇……真是個長得很好的孩子。而女兒，也正凝視著把拔呢！

躺在床上，我自言自語的跟自己的潛意識說話：「我今天要三點五十分起來，這樣我就可以四點半去剪頭髮。」

女兒聽了把拔這麼說，也跟著說：「喔！那我要來跟我的聰明小精靈說，我也要三點五十分起來，這樣我就可以開始寫作業，然後四點十五分寫完，然後四點半可以出門去上律動課。」

我：「喔~你有一隻聰明小精靈喔!?」

女兒：「對呀。聰明小精靈會叫我起床。」

我：「哇哇哇！好棒喔！」

然後，父女兩人，都很快的就熟睡了。這個孩子熟睡之後，常常很難喚醒，所以夫人常常為了叫女兒起床而苦惱，因為女兒常常都會起不來，像一塊濕抹布一樣，攤在地板上，很難拉起來……

下午三點四十八分，我心裡的潛意識鬧鐘把我叫醒了。甦醒的我睜開眼睛，轉過頭去，準備要來好好觀看、目睹、親眼看見女兒「聰明小精靈的運作奇觀」。

三點五十分，沒有動靜。

三點五十一分，沒有動靜。

三點五十二分，出現第一個訊號，右腳的腳趾頭抽動了一下。

三點五十三分，左手伸出，抓了她左耳旁邊的頭髮。

三點五十四分，右邊的屁股緊了一下。

三點五十五分，眼睛用力眨了兩下，忽然睜開，然後，像一隻毛毛蟲一樣蠕動了！然後，整個身體移動到床邊，站起來，走到書桌旁，右手按開檯燈開關。三點五十六分，小女孩已經開始寫起數學作業題了。

嘆為觀止！

好看極了。

我一句話都沒有說，在床上倚著枕頭，像是看動物奇觀一樣，讚嘆著女兒的聰明小精靈❶。

跨年的這個夜裡，孩子小，我們沒有跟大家一起去熱鬧跨年，我們選擇去便利商店

心法❶ 潛意識直覺的運作，和我們平常熟悉的意識思考運作，很不一樣。意識思考運作，重視的是邏輯順序，靠的是執行力與決心；而潛意識直覺的運作，像是一個很純粹的心願，帶來很自然順暢的直接發生，所以女兒這次像動物奇觀似的起床，不是經過平常那種「預定鬧鐘響、關鬧鐘、不想起床、想賴床、不小心又多睡了一小時……」的流程，而是：不知道為什麼，就自然的醒來了，就走過去按開檯燈，開始寫作業了！這種自動順暢的運作，是潛意識資源啟動之後很常有的精彩發生。

買了可以第二件抽獎打折的零食。跨年嘛，讓孩子開心一下。我們全家在客廳，一起看朋友送我的《舌尖上的中國》，我們全家都愛吃，所以這是我們共同愛好的紀錄片。

吃著零食，我問女兒：「黃阿赧，把拔今天中午看著你，就這樣自己動動動，然後就爬起來寫功課了耶，你的聰明小精靈是怎麼做到的啊？」女兒一邊吃著蝦味先，喀茲喀茲的，說：「我也不知道耶，就好像就直接起來了，好像不用想，就可以直接起床寫功課，我也覺得好神奇喔！」

呵呵，親愛的孩子，但願，這樣的神奇，一直陪伴你。祈願著，如此與潛意識合作的好基礎，成為你人生快樂豐足的活水源頭。

又隔一天，是元旦假期的第二天，在從老家開車回台中的路上，我好奇的問女兒：「黃阿赧，你什麼時候開始，心裡住著這隻聰明小精靈啊？」

小妹妹想呀想，說：「嗯嗯，就是那個~上學期，我好幾次跟你一起睡午覺的時候，然後我就跟你說：『把拔，好好玩喔，我跟自己說今天中午要睡兩小時，然後就真的超剛好的兩小時準時醒過來ㄟ！』然後，把拔你一聽，就笑笑的跟我說：『啊！那一定是你的心裡住了一隻聰明小精靈！』是這樣來的啦！」

哈哈哈，原來是這樣來的。一直以來，忘性很好的我，說過的話，有九成左右，會以為沒有說過，或者認為那不是我說的。

原來，是這樣來的啊！聰明小精靈，不是我創造的。聰明小精靈，是在女兒自己體會了跟直覺說話的神奇準確之後，我恰好忍不住的全然的讚嘆時，讓這樣的直覺管道有了一個可愛的名字：「聰明小精靈」❷。

「健康小精靈」的威力竟然如此強大

這樣的故事，讓我又想起有一天，女兒在餐廳裡吃著餐後附的香草冰淇淋。看她興奮的吃著，前一刻我心裡還想著：「哎呀，

心法❷ 健康小精靈、聰明小精靈，對孩子來說，是一種**傾聽內在直覺聲音**的媒介。一開始建立這個對話模式的時候會有點不容易，同時，也會有點好玩。一旦建立了這樣充滿趣味的對話模式，很有意思的是，孩子會因為這樣的對話本身就很好玩，因而會自然的發生在大人想都沒有想到的時刻呢！

冰冰的甜食，孩子還真的是沒有任何抵抗能力呀～」

忽然，就在下一刻，小女孩竟然停止了她快速挖著冰淇淋的手（眼前的香草冰淇淋還有三分之一呢）。然後，小女孩開口說：

「嗯，健康小精靈說：『夠了。』」

然後，原本那個挖著冰淇淋的小女孩，竟然就這樣停下來了。

這麼有威力的內在控制力呀！對於潛意識有著濃厚喜愛又有虔誠敬意的我，又一次見識到，在孩子的心裡，健康小精靈可以這樣真的發生著力量！

隔一天，早晨出門前，家裡門口的紙箱子裡，擺滿了因為中元節拜拜而買的餅乾糖果，裡頭有女兒從小就知道很好吃又很難在家裡找到的洋芋片。因為要拜拜，我去了大賣場買了那種五包裝在一起的家庭包，所以，難得有了洋芋片這樣珍貴的選擇！

這一天，想說讓孩子有一點歡樂感，於是我指著紙箱裡的零食們，跟兩個小女孩說：「你們兩個，可以自己選一包喔！」

大女兒手腳又長又快，馬上選了一包海苔洋芋片。只是，一分鐘之後，我看她自言自語的拿著那包洋芋片又走回了箱子那裡，而且還放回箱子裡。自言自語的她說著：「**健康小精靈說這個不健康，而且，我記得把拔說，他一年這種洋芋片只吃一片……**」

哈哈哈！謝謝健康小精靈，謝謝聰明小精靈，謝謝潛意識。

在我的心裡，考試考很高分，不一定代表聰明有能力，因為，人生的一道一道關卡，常常都不是依靠考試高分的那種聰明與能力。如果，有機會讓潛意識直覺當自己最穩固的靠山，在風雨飄搖的歲月裡，知道可以問問心裡的聰明小精靈，是我很希望孩子能夠好好帶在身上的珍貴能力。

如果，孩子從小，就會這樣問：

「愛吃小精靈，今天想要享受幾根薯條？」

「健康小精靈，我們今天吃幾根薯條最合適？」

「聰明小精靈，我們今天從現在兩點睡到三點五十分，然後就起來寫作業，好嗎？」

那麼，長大以後，十九歲的她，三十三歲的他，四十六歲的她，會這樣跟自己說說話：

「迷人小精靈，這條貼身好穿的牛仔褲，配上哪條圍巾，會最出色？」

「親愛的自己，今夜，要瘋狂一些揮灑情感，還是可愛羞赧多一些？」

「親愛的，這個耗費心力的等待，就停在這個夏天了，好嗎？」

「嗨，可以了吧！可以啟程，可以揚起帆，迎向青春的乘風破浪了，來吧！」

「親愛的自己，接下來的人生，什麼適合少一點，生命會更簡單而流動？」

「親愛的，身為自己生命這本書的獨一無二的作者，不用那麼費力了，夠好了，爬山流汗的歲月已經足夠，來隨風滑翔，享受單純的快樂吧！」

當孩子不想上學時，來個意想不到的陪伴

那是個很平凡的星期一早晨，八點多，夫人送小女兒去幼稚園。九點多，我在春水堂十六號座位，剛做完安靜練習，正要打開檔案繼續筆耕，寫我的解夢書……

手機響了，夫人打來的。

「老公，阿毛哭哭，沒有辦法進教室，我所有的辦法都試了，有散散步，也有吃三明治，還有跟周老師聊聊天……阿毛今天很困難進教室，大哭了好幾回。她說她想把拔，我帶她去春水堂找你，然後你送她上學，好不好？」

「好ㄚ。來。」

五分鐘後，小女兒和馬麻來了。

我站在路邊等著，打開馬麻的車門，一把抱起我的五歲女兒，嘟著嘴的，哭喪

著臉的。我無尾熊抱抱的抱著我的小女兒，嘟著嘴的小女孩在我懷裡，像個小貝比，看眼神，像是三歲的眼神。我沒有說話，就只是用溫暖的懷，溫暖的手，溫暖的環繞，溫暖的左右柔軟緩慢晃動❶。

溫暖的左右柔軟緩慢晃動著，五分鐘後，我開口：「阿毛，昨天前天，星期六星期日，你們去高雄，跟祺堂叔叔、錦敦叔叔、小蔓、阿珮阿姨、X阿姨，一起玩了兩天，玩得好開心好開心，開心之後，星期一要上學，就特別困難厚？」我在心裡，看見了五歲和三歲的阿毛一起點了點頭。我說了這樣的一小段話，想著來承接女兒的心與今天會特別困難的背後原因。

我繼續讓環繞著女兒的我的雙臂，柔軟

心法❶ 孩子脆弱來到的時候、難受發生的時候，很正常的會出現年齡倒退的心理狀態（其實大人也是這樣，我自己生病的時候，常常都像個五歲的小男孩）。當孩子的年齡倒退時，不急著用說理的方式對待，因為當孩子倒退到兩三歲的年紀時，會聽不進去這些長大以後才懂的話語。所以，這個時候，擁抱、觸摸、輕輕緩緩搖動，這些偏向身體的照顧與疼愛，很有機會在這個特別的時刻傳遞照顧者的好意。

又緩慢的左右晃動，像搖籃一樣的。然後，我看見春水堂陽傘旁，藍色的天空，還有綠綠的葉子，我開始唱起了歌，一首這個早晨，為女兒創作的新歌，用很簡單很簡單的調子哼著：

綠綠的葉子啊，
藍藍的天空啊，
我的小阿毛，是春天開的一朵花。
綠綠的葉子啊，
藍藍的天空啊，
我的小阿毛，是可愛的小香菇。
綠綠的葉子啊，
藍藍的天空啊，
我的小阿毛，是冬天裡的，甜甜的小草莓。
紅紅的小草莓，是我們家的小阿毛，
可愛的小香菇，是我們家的小阿毛。

綠綠的葉子啊，藍藍的天空啊，

我們家的小阿毛，是春天開的一朵花、花、花。

小女兒，聽著把拔當場的歌聲，她在我的懷裡，嘟著的嘴，化了；冰凍了的心，暖了。女兒的臉上，在可愛的、為她量身訂做的歌曲裡，露出了微笑～呵呵，我們兩個，一起唱了一次，又一次，又一次。我看女兒能量差不多回升了，有機會跟馬麻說再見了，就在她的耳朵旁邊像說祕密一樣：

「阿毛，等一下，把拔用腳踏車，你坐後面，把拔用牽的，帶你去上學，超好玩喔！」

「真的喔！」小女孩回復了完整的五歲聲音與表情，這樣說。

「真的，很刺激喔！」

這小子，翻身下地，跑去馬麻那裡，說再見，還親親馬麻。我牽著腳踏車，一路上繼續哼著這首今天的主題曲！

綠綠的葉子啊，

藍藍的天空啊，
我的小阿毛，
是春天開的一朵花……

中間有一段路，是下坡，我說：「阿毛，等一下很刺激喔，你手有抓緊嗎？」女兒的兩隻小手，超期待的緊緊的抓著黑色的座墊：「有！把拔，我抓很緊！」呵呵，咻咻！嗚～衝！我們一起放聲尖叫，滑行過一段上學時的下坡路，就在這個最快樂的時候❷，我開口問：

「阿毛，今天我們上學這麼快樂，你想要在哪裡跟把拔說再見？」

「溜滑梯那裡。」小子挺篤定的。

「好！我也覺得溜滑梯那裡很棒！」

心法❷

「你想要在哪裡跟把拔說再見？」這是關鍵時刻的關鍵問句。很有意思的地方是：選擇在孩子能量狀態最好的時候，來問出重要的再見地點的問句，才不會當腳踏車逐漸靠近校門口時，剛剛大哭的幾個能量記憶瞬間回來，讓孩子的心情又掉到之前沒有辦法支撐的那樣。反過來說，如果是在孩子能量低的時候，即使問出上頭這個一模一樣的問句，也常常會得到不順暢的答案。

靠近校門口了，我繼續哼著那首歌，像是讓爐火繼續小火滾熱一鍋湯一樣，讓好不容易煮好的一鍋好湯，繼續維持美好的溫度。

綠綠的葉子啊，藍藍的天空啊，我的小阿毛，是春天開的一朵花～

哎呀，到了，進了校門口，到了溜滑梯，大大的校園沒有任何一個小朋友，因為已經十點多了，大家都在教室裡了。小小的小女孩，親親把拔，抱抱把拔，轉身，然後，真的自己走上樓，進了教室。

我深呼吸著，轉身騎上腳踏車，感謝天地的眷顧，讓這個早晨，可以這樣陪孩子。回到春水堂，夫人見著我，一臉驚訝：「阿毛進教室了喔，這麼快？」

「呵呵，對呀，在溜滑梯那裡，跟我說再見ㄟ！」

夫人開心到瞬間濕了眼眶：「你好棒喔，謝謝你這樣陪孩子……」

我看著夫人，說：「最難的，都是你做的。前面那一整段，都是最難的，你都做完了。」

哼一首心裡冒出來的歌，陪著孩子

哼一首短短的歌，說一個小小的睡前故事，想出一個和孩子一起快樂的小遊戲，都是生活裡的小創意。我因為愛唱歌，又在四十七歲的這一年，決定從零開始學吉他，所以，哼一首歌給孩子聽，成了我傳遞情意的順暢媒介。

想起了另一個故事，那是一個星期三的早晨，夫人要趕去高雄探望岳父，所以，中班的小女兒呢，就要把拔送去上幼稚園囉。一陣子了，在外地帶工作坊維持家裡生計的我，東奔西跑的，好一陣子沒有帶孩子上學了。因為好一陣子了，女兒已經好熟悉馬麻的流程和溫度，小女孩從前一天就開始依依嗚嗚的，用自己的速度準備著。

一早，小女孩在我的床邊拿著小羊小熊，在把拔拱起的膝蓋上的棉被，玩溜滑梯，一下子鑽進我的棉被，一下子又跑來跑去拿娃娃。我充滿興味的看著女兒，珍惜著我還看得見的她這輩子最小的一天。

吃了早餐，大家一起出門。大女兒由馬麻送，所以我們目送著她們走向車子。小小的五歲的阿毛，看著馬麻的背影，低下頭，開始啜泣了起來，輕輕的哭泣，在五歲的美麗的臉龐……我牽著女兒的手，帶著暖暖的聲音說：「阿毛想馬麻厚？」小妹妹慢慢的點點頭。

大女兒七歲多了，七年多的當把拔的資歷，讓我已經不輕易的被「厚，是怎樣，把拔就不好喔，為什麼一定要馬麻？」的念頭佔領了。即使這個念頭跳出來，深呼吸，就下去了。因為，知道馬麻日日夜夜貼身照顧（水壺有沒有帶、考卷有沒有複習、今天體能課有沒有帶換的衣服、青菜多吃一點、今天要早點睡……），是這樣日日夜夜的貼近，所以馬麻換來了孩子真實又強烈的連結，這，不是我插花式的陪伴，可以取代的。知道，深呼吸，然後就認了。

如果有一朵花，平常都是太陽在照拂，因為太陽的溫暖與熱度才讓小花好好長大，那那那，那月亮是來爭什麼！小花的心中，當然眷戀太陽呀。

所以，坐上摩托車之前，我就是靜靜的牽著阿毛的小手，沒有要多說什麼（其實知道說什麼也沒有用）。上了摩托車，在春天僅剩的一絲絲涼意裡，我們出發往幼稚園去了……這樣的清晨，女兒哭哭想要馬麻的清晨，要跟女兒順利的說再見、進教室，是困難的。

我騎著車，女兒的兩隻小手握著後照鏡的左右黑色把手，小妹妹靜靜的，一路上都沒有說話（平常這個時候，小妮子可是嘰哩呱啦說不停的）。

阿毛是偏身體型的孩子，愛泡澡、愛把拔用刺刺的鬍子弄她的小肚子、愛吃香噴噴的食物……**身體型的孩子，到了關鍵時刻，最能接收的管道，常常就是身體。**於是，停了一個長長的紅綠燈，我把我的兩隻手，緩緩的移到後照鏡的黑色把手那裡，輕輕柔柔的靠近女兒的小手。那個輕柔的靠近，像是說：「嘿，你好～」

輕輕的、小小下的，我用指尖碰到一點點阿毛的指頭關節。小阿毛似乎愣了一下，然後，兩隻小手的十隻原本握緊的手指頭，像綻開花朵一樣，打開，迎向了我的觸碰！我笑了，臉上笑了，手指頭也整個都笑了。就在那個長長的，長得很好的紅綠燈前，我開口唱起了下頭這首原創歌曲，那是在紅綠燈前的暖暖碰觸裡，湧現的曲子和歌詞……

阿毛有一雙，小小的手
把拔有一雙，大大的手
你的小手 握住我的大手

我們的手 就在一起囉~

我們家的阿毛小小的，想起了媽媽會哭哭的

我們家的阿毛還小小的，想念煮了一鍋湯 燙燙的

短短的歌，迴盪在平凡無奇的忠孝路上。暖暖的連結，發生在歌聲與握著的手心裡。

我們自己小時候，不一定有機會聽到這樣的暖暖的歌與緊握，同時，長大以後，卻不一定不行唱出這樣的溫度和觸碰。許個願，有時候，就偷偷的發生了。許個願當個活跳跳又溫暖的爸爸，是三年前的事情了。三年之後，竟然這樣，偶爾真的有發生耶！

阿毛聽著我柔柔又大大聲的唱著歌，頭微微的歪一邊，聽著……

「把拔~」阿毛開口了！

「ㄟ！」我柔柔的回應著小妹妹。

「把拔~我要你回家唱這首歌給馬麻聽！」

「好啊！」

說著說著，摩托車快要靠近幼稚園的那個轉彎了，我低頭問阿毛：「今天阿毛要在哪裡跟把拔說再見呢？」

「嗯嗯～要在樓梯口。」

「好啊～」

樓梯口到了，跟原本預期的困難很不一樣的情形發生了：女兒跟我揮揮手說再見，我，開心極了又珍惜極了。

有一段日子，心裡常常浮現一首我自己創作的還不成熟的詩……

風花雪月

春天的風，夏天的花，冬天的雪，四季的月。

春天的風會停，夏天的花會謝，冬天的雪會化，

掛在夜空的月，因為單純願意愛，四季都在。

對我來說，哼一首歌來陪伴孩子上學，就像是在人生變化的春夏秋冬裡，像月

亮似的，穩定的給出一份愛著孩子的願意。唱著一首歌，像是一個溫暖能量的醇厚湯底，讓照顧者與孩子一起，因為一起歌唱，而處在挺好的能量狀態裡，因而能夠做到原本有困難的那些種種。

如果可以，哼一首歌；如果可以，說一個編來編去的小故事；如果可以，發明一個小活動，讓孩子與自己快樂的做家事。重點，不在厲不厲害，甚至，也不在成不成功，而是，因為這樣，我們和孩子，就在一起了。

Part 3
因為凝視，推開懂了的門

在安靜的呼吸裡，遇見孩子的笑容

凝視，是一份安靜的停留，凝視，也是一份帶著願意的真的懂。當我們凝視一個人，凝視一顆心，凝視一個忽然冒出的情緒，因為停留了，因為願意很飽滿，就很有機會提取出一份生命的美。

凝視不是一種可以明顯辨別的行為或能力，而是行為後頭的一種狀態，一種安靜又願意的好狀態。因為是狀態，所以不容易言說，也不容易舉例，同時，也因為這樣，凝視的心法十分珍貴。

大女兒六歲那一年的冬天，我的大學同學小瓜呆，寄來了一本書，一行禪師的作品《橘子禪》。我們家的夫人打開來讀了讀，說讀不下去。我說，年紀不到，讀不下去是好事，那就不要勉強讀。

而四十五歲的我，夜裡安靜的讀著《橘子禪》，竟然津津有味！那個聽著〈島嶼天光〉依然熱血落淚的我，竟然年紀到了，可以讀一行禪師了。讀了，喜歡，那就開始實行。於是生活裡，一次一次練習著橘子禪。我把一行禪師的語言，一天一天的轉換成我自己呼吸之間最順暢的簡單語法：

「吸氣，讓平靜進來。

「呼氣，我正在微笑。」

就這樣，一次一次。於是，當電話、手機響了……

第一聲鈴響，不接。單純的知道電話來了。

第二聲鈴響，依然不接。然後深呼吸一口氣，接著在心裡聽見：「吸氣，讓平靜進來……呼氣，我正在微笑。」

第三聲鈴響，帶著微笑歡迎的心，把電話接起來，**帶著平靜與微笑說話**。

就這樣，從四十五歲的冬天開始，一天一天練習著好朋友送我的好禮物，呼吸，呼吸，平靜，微笑，然後，有一些事情竟然漸漸發生了……

那是一個星期四的中午，我們一家人在熟悉的餐館裡吃午餐，小女兒在一旁玩著餐館主廚小魚姊的收藏木頭小貓咪。突然，我發現了新的一件事，趕緊跟身旁的夫人興奮的說：「我發現一件事，我只要專心安靜的凝視阿毛，阿毛就會不自覺的

綻放笑容耶！」

原來，當我們心，正微笑著，我們就很有機會遇見了身旁美麗的微笑。我，很喜歡這個新發現！

委屈不會沒有，傷，可以少一點

孩子三四歲前，很愛說的一句話是：「把拔抱抱。」「馬麻抱抱。」

其實，已經四十幾歲的我，還是有很多時候，心裡會浮現和孩子一樣的想望：「我好想要身旁溫暖的人，主動抱抱我喔……」不是不想要、不是都已經滿足無所求了，只是沒有說出口而已。

關於抱抱這回事，讓我想起我年輕時到美國馬里蘭大學攻讀生涯諮商碩士時，最震撼也最歷久彌新的，就是我在研究所裡遇見的老師們，如何完完整整的把大男生的我擁入懷裡。那樣的擁抱，離開了我們文化裡男女授受不親的隔閡，我的老師們，男的女的老的少的，幾乎都可以也願意給出那樣的**整個身體的擁抱**。

我特別記得實習時遇到的一位黑人老師 Cliff，他的心纖細得像棉花一樣，而身體壯碩得像隻大黑熊一樣。每回他在他的諮商室門口看到我，都會大叫我的名字：「Hey, Huck! Come here!」然後大大的打開他的胸膛與張開手臂，等待我向前一步，然後瞬間一大把的把我擁入懷裡。

即使回台灣將近二十年了，我依然記得那個像熊一樣的擁抱，被濃濃的喜歡，被大大的接納，極其溫暖。那個擁抱的記得，對我來說好重要，因為記得，所以慌亂時緊張時，身體會記得，我曾經那樣的被喜歡被接納，因而可以起身迎接生命中的風風雨雨。

如果抱抱可以美好又親近

我們的文化裡，存在著一個說法，叫做：「不要常常抱，不然孩子會習慣，後來就會不好照顧。」所以，和長輩相處時，懷裡抱著女兒的我常常會接受到教導與訓斥：「不要抱，放下來。」

有不少長輩帶著經驗教導的智慧，我接收得完整也執行得順暢，像是忠孝夜市豆花店的婆婆，在大女兒兩歲時，摸著小女孩露出長袖衣服外頭的手，用閩南語教我們：「摸摸看，像這樣手腳冷冷的，就是穿太少。」從那一天起，我就學會了老人家的智慧，用摸孩子的手腳，來決定要不要幫孩子多加件衣服。

長輩們的另外一些教導，我則選擇參考用，像是抱抱這件事情。我猜，我在地球的另一端，看見過也體會過擁抱的美好與親近，我真的不想錯過擁抱帶來的情感流動，所以，我的孩子，愛被抱抱，也很能抱別人。像是小女兒在幼稚園最迷人的舉動，就是會衝衝衝的跑過整個幼稚園的大中庭，飛撲到她喜歡的幼稚園老師身上；小女兒也會從家裡的餐桌上翻身下馬，只因為聽見了照顧她的小保母小芸姊姊開門進來的聲音，然後小跑步繞一個小圈，接下來沒有停留的一個箭步，跳進小芸姊姊的懷裡。她們，都笑得好滿足呢！

只是，大部分的時候，不怎麼習慣在長輩面前捍衛自己理念的我，聽見長輩說不要抱小孩的時候，會自動化的、順從的把孩子從身上放下來。順從，不代表贊同；順從，是不忍心違逆長輩那一份其實只是想傳授經驗，很想多給一點愛一點指導的心。只是，順從的同時，心裡來來回回的衝撞，持續在孩子成長的過程裡發生著。

那是一個冬天的夜晚，大女兒才剛滿三歲，那個原本從睡午覺起來之後就一直很開心的大女兒，很罕見的突然失控的「**亂哭**了起來」❶。她在廚房與客廳交界的木頭地板上，把立體磁鐵遊戲組亂摔亂丟，然後大哭大叫，說磁鐵不夠多，拼不起來她要的一朵花……

聽見大女兒無法控制的哭聲時，我正在浴室洗澡，而忙碌的夫人正在幫剛大完便的小女兒洗屁股。我加速洗完澡，走了出來，走向哭倒在地上無法停止哭聲的女兒，蹲在她的身旁，我說：

「黃阿叔，你拼磁鐵挫折，哭哭，然後也順便把早上在阿伯家的難受也一起哭哭，是嗎？」小女孩用更盡情更洪亮的哭聲，表達出很底層但其實自己本來也不清楚的「Yes」（這個心裡的聲音，埋藏在心裡很裡面的位置，原本連自己都不清楚，同時，哭聲一出來的剎那，孩子自己就聽見了自己的這個「Yes」）。

哎呀，這天早上我們全家受邀到南投一

心法❶

「亂哭了起來」這句話，是典型的「從照顧者角度思考」的語言。如果我們放下原本的視框，轉而從孩子的角度來看，那麼，不難想到的是，孩子這樣失去控制感的大哭，很有可能是她正在表達著**連她自己都不怎麼懂的情緒**。身為照顧者，如果下了判斷說，這個孩子正在亂哭，那麼一不小心就會錯過了懂孩子的大好時機。這時候，如果可以深呼吸，然後試試看問自己：「什麼，正在孩子的心裡發生呢？」「今天，發生了什麼，可能跟這個時候的情緒有關聯呢？」

位學術界的長輩家作客，地位崇高的前輩教授與教授夫人，看到我和夫人常常抱著因生疏而害羞緊張的大女兒小女兒，沒有間斷的要我們把孩子放下來，沒有停止的想要把他們教養出優秀獨立的兒女的經驗，傳遞給我們這兩個剛當爸爸媽媽不久的年輕夫妻。

唉，身為把拔的我，在南投的那個不熟悉的環境氛圍裡，沒有聚集足夠的能力來捍衛對女兒的疼愛，因而好幾次把緊張不安的孩子從懷裡放下。是我，讓孩子受苦了。

沒有捍衛到，是的；好，而此刻，是的，我力量恢復了，我要來疼我的孩子了。於是，我溫柔的看著女兒，說：「來，把拔抱你，讓你可以痛快的哭，好嗎？」小女孩淚汪汪的點點頭。我抱起心愛的女兒，從書房走到客廳。

從這裡走到那裡的移動，是為了不讓女兒固著於先前的混亂情緒，然後我接著用無尾熊抱抱完整接觸的姿勢抱著女兒，坐在客廳溫暖的沙發上。我一邊用我的手臂環繞著女兒，一邊說：

「黃阿赧，今天在南投的阿伯家，好幾次你要把拔抱抱，阿伯都說小孩子不可以一直抱抱，這讓你很傷心很委屈，是嗎？」哇哇哇哇！小女孩用力點頭，再用更大的哭聲說「Yes」。

「黃阿赧，中午的時候你找不到媽媽，好擔心媽媽不見了，那時候你好害怕，然後阿伯又叫你不要哭，你那時候很委屈又很害怕，是嗎？」哇哇哇哇！小女孩更用力點頭，眼淚成串一直掉落……

哇哇哇哇……哇哇哇哇！

哇哇哇哇……嗚嗚嗚嗚……

嗚嗚嗚……嗚嗚嗚……嗚嗚嗚……

小女孩繼續哭著，但聲音開始有了質的變化，隨著呼吸隨著嗚嗚聲的抒發，似乎，傷心的成分持續的少了一些些。

「黃阿赧，把拔跟你說，下一次，你有傷心有委屈，不用等到因為玩玩具挫折才哭哭，你可以直接來找把拔，然後跟把拔說你想哭哭，把拔就會抱著你讓你哭，好嗎？」

小女孩安心的點點頭，依偎在把拔的懷裡，而哭聲慢慢變成安心的呼吸聲。似乎是因為被懂了，被陪伴了，一直到睡前，小女孩都好可愛，好開心，一直到睡著。

如果溫暖的擁抱，讓孩子學會了溫暖給愛

那一夜，因為停了下來，因為決定沒有要用「亂哭」來定義孩子的不知所措，我把慌亂失措的小女孩，帶回溫暖的心裡的家，沒有任由那顆心遺落在那裡。我這樣對待孩子，很可能不會教出一個剛毅的孩子；同時，我這樣擁孩子入懷裡，可能會養出溫暖能愛人的孩子。

小的時候常被罵，長大以後可能很會罵人。
小的時候常被罵，長大以後也可以很懂被罵的委屈。

成長的歲月被冷漠，長大後可能很會冷漠身邊的人。
成長的歲月被冷漠，長大後也可以選擇長出溫暖，溫暖自己的和別人的冷。

在冬天的夜晚，記錄著這些發生的種種，寫到一半時，自己的眼眶都濕了……多麼希望自己小的時候，委屈傷心害怕的時候，也有人能夠這樣懂，這樣擁抱……

心愛的孩子，你成長的路上，會遇到好人，也會遇到因為限制很多困難很多，

而很會罵人、很會嫌別人的人。把拔祈禱著：

你的傷心，有人聽；

你的害怕，有人陪；

你的委屈，有人撫慰。

「能這樣大哭，真好。」

元旦假期，哪裡都人多，為了買一件羽絨外套禦寒，我難得「進城」。我是一個屬於大自然的孩子，進到市中心，進到百貨公司購物商場，就像是「進城」。一進到了刺激消費的購物環境，孩子就辛苦了。

五歲的小女兒看到了遊戲愛樂園裡好多好多小朋友正在玩樂，那是中型的遊樂場，讓小朋友跑跑跳跳拉拉盪盪躺躺。在人潮裡終於買好了羽絨衣，又排隊等吃咖哩飯，一排就是半小時。人到中年，我力氣用得差不多了，沒有辦法支持女兒去玩遊戲愛樂園。

小女兒聽到把拔說，今天可能沒有辦法讓她去愛樂園玩，小女孩哭喪著臉。小女孩沒有說什麼，從小她就知道，把拔累了的時候，需要先照顧一下把拔。在一旁的角落裡，小女兒一邊跟姊姊有一搭沒一搭的玩，一邊依然嘟著嘴。十分鐘過去了，我們還在等候吃咖哩飯的候位，小女孩嘟著的嘴一直下不來，即使姊姊很用心的想帶著她玩遊戲。

孩子難受了，我沒有覺得「這個孩子不聽話、不懂事」。

孩子難受了，我沒有覺得「這個孩子這樣跟我作對」。

孩子難受了，如果還可以深呼吸，就來凝視吧。所以，我深呼吸，然後跟女兒說：「阿毛來，把拔疼你。」小小的阿毛來到我懷裡，靠著把拔的肚子，我說：「阿毛，你今天沒有辦法玩遊戲愛樂園，很失望，對不對？要是把拔小時候看到這個，也會很想很想玩，如果不能玩，一定很難受……」

小妹妹在我懷裡大哭。

大哭。

大哭。

我摸著女兒的頭髮、背，輕輕的摸：「能這樣大哭，很好，能這樣大哭，很好……」哭了十分鐘，餐廳候到位了，在紙上，小女兒畫下了這樣的自己（見下頁圖）。

五歲的小女兒畫著畫著，就把自己給表達完整了。完整表達了，情感，就沒有不小心遺落在想要卻無法擁有的失落裡了。

沒有遺落，就可以完整的整個人活在當下了。於是，兒童餐來了，小女孩跟著姊姊一起開心的吃著起司雞肉飯。剛剛這一整段，大女兒幾乎都沒有說什麼話，就只是靜靜的看著。她從小，被把拔這樣凝視與陪伴，所以她知道，妹妹一旦完整的被陪伴，再等一下，活跳跳的妹妹就會回到她身邊。

會哭的孩子，笑起來，實在是迷人極了❶。

同一天的夜裡，睡前，因為隔天我就要搭機到日本大阪，最近和把拔很親近很親近的大女兒，捨不得把拔一出門就是五天。我在臥房收著行李，聽到小女兒走過來，拉拉我的手用好簡單的語言說：「把拔，姊姊哭哭，她捨不得你，你去看看她。」

我牽著小女兒的手，走向大女兒的臥房，小女兒邊走邊自言自語的：「等一下把拔一抱黃阿赧，黃阿赧一定哭得更大聲，超大聲。」小女孩的自言自語，像是一份預告，也像是一份很底層的相信，相信把拔一抱，姊姊就可以盡情的表達、被愛、被接納。

走到房間，我抱起大女兒，原本啜泣著的孩子，在我懷裡瞬間大哭，哭聲真的像是要掀開了屋頂的那種。我用微笑的心，用強而有力的臂膀，抱著孩子，順著她的背，溫柔的說：「黃阿赧捨不得厚，捨不得把拔去五天。把拔答應你，一月、五月，去澳門香港工作，都只待四天三夜就回來。哭哭很好，可以這樣大哭，很好，把拔疼你……」

一如往常，哭了五分鐘之後，停了。

心法❶

我心裡一直有一份很深的相信，我相信：「**會哭的孩子，笑起來最美。**」今天，會如此盡情大哭的孩子，長大以後，遇見心儀動心的對象時，會自己興奮的在房間裡又叫又跳；長大以後，搭機離別時，捨不得的眼淚會成串成串的掉；長大以後，和朋友喝啤酒時，會真的能豪氣干雲的暢快。

停了，就真的停了，因為哭完了。

晚了，關燈了，大女兒一如往常，在她的心口處，握著我的右手手掌，她說：

「把拔，我覺得大哭很好ㄟ，好像就都哭完了，而且啊，好像還順便把一些以前的、委屈的、不舒服的，都順便一起哭出去一樣……」

小女孩，笑著說的。那個笑，像冬日暖陽下開的一朵花，純白而閃著光芒……

「把拔，你不要生氣了，好不好……」

那兩天，連著兩天，和夫人激烈吵架。吵架，還吵過夜，在我們家，好久不見了。兩個孩子，一個七歲一個五歲，我總是一邊吵架，一邊看著她們，是不是快要超過她們的承受極限了。

吵架，是一種大聲的表達，是一份沒有辦法時的大聲表達，所以，有其必要。只是，如果強度太強，時間持續太久，孩子的心，無法承受的時候，會開始學習麻木自己的感覺，讓自己對於情緒感受，失去了感覺。

小女兒天生霸氣，砲聲隆隆裡，她依然自由的畫著她的小兔子、小貓咪。大女兒就不一樣了，她天生貼心柔軟，臉上的擔憂之情，越來越濃。

吵架吵到了第二天早晨了，在激烈的大小聲之後，大女兒輕聲的走到我的睡房，兩隻細細的手臂柔柔的往上，環抱著我。她抬頭看著我的眼睛輕聲的說：「把拔，你不要生氣了，好不好……」

我心疼著女兒，我摸摸她的臉，緊緊的抱著想愛我的她，緊緊的抱著害怕擔心逐漸滿溢的我的孩子。我深呼吸，我再深呼吸。然後，我跟女兒說：

「黃阿赧，把拔和馬麻會生氣吵架，是因為想說的話，覺得對方沒有聽見，所以會這樣很大聲。如果表達的，被聽見了，常常就不用繼續吵下去了。」

然後，我轉頭對夫人說：「我生氣的後頭，想表達的，都表達了，我不會再重複一直說了。我們停在這裡，好嗎？」

女兒在我懷裡，沒有真的馬上鬆了一口氣，同時，我知道，她的話語，她的懇求，被聽見了。

夫妻，很難不吵架。吵架，不可怕，可怕的是，一邊吵，一邊心裡的疼痛一個一個被呼喚出來，曾經沒有被好好照顧的心理需求、曾經被驚嚇的經驗、曾經提出但終究被忽略的懇求……一一點名跳出，一一牽著手大聲的說：「我們想被看見，我們想被好好照顧……」

這下子，忙了，忙翻了。

翻了翻了，一不小心，就整個世界都翻了。

＊＊＊

「把拔，你不要生氣了，好不好……」

這句話，即使吵架現場已經過去了好幾天，依然迴盪在我的腦海裡。心裡浮現著好多好多畫面……我想，不知道，身邊有多少朋友，有多少生命在成長過程，很想說出這句話，但從未說出：

「爸，你不要生氣了，好不好……」或是「媽，你不要生氣了，好不好……」

我猜想，很多很多人，小時候，都好想說出這句話，但是，害怕說出來沒有用，害怕說出來之後，結果更糟，所以，那句懇求——「不要生氣了，好不好……」——鎖在記憶的深處。

「把拔，你不要生氣了，好不好……」當把拔的我聽見了女兒的這句話，當我輕輕的抱著我的女兒，我打從心底高興著，女兒可以**說出口**這句懇求與期盼❶。

說出了，表達了，孩子也就盡了一份心力了。是女兒的冒險嘗試，說出這句話，我才能夠，注意到自己沒完沒了的抱怨與生氣循環不已。是女兒的願意用溫暖的手環抱我，表達了對把拔的關愛，我才能夠，轉頭邁開這一天的啟程。我期許著自己，創造出一個空間，讓孩子繼續說得出口這樣的請求，表達這樣的關愛。

心法❶

一個家裡，孩子的表達，如果在關鍵的時刻，能被照顧者聽見，這樣的孩子，常常會在心裡頭扎實的覺得：「我真是一個有用的人。」這樣的扎實的覺得與確認，似乎是日後好多力量與相信的美麗根源。

「你過不了哪一關？」

母親節的早晨，開車帶一家大小回老家。車上，出現這麼一段對話：

「把拔，黃阿赧昨天被馬麻罵。」小女兒說。

「不是啦，是阿毛昨天洗頭時，鼻子被馬麻弄到水哭哭，然後馬麻就說要給阿毛吃小熊軟糖，然後我就依依嗚嗚說我也要……」七歲的大女兒努力的試圖還原現場，給昨晚沒有參與到這一段情節的把拔聽。

回到老家大甲之前還有半小時，時間空間都足夠，一家人都在車子裡有個好處，大家都可以說話表達。夫人也加入了現場重建的行列：「我看黃阿赧哎哎叫，就說，那給阿毛兩個小熊軟糖，給黃阿赧一個小熊軟糖，厚！黃阿赧就哭哭沒有辦法接受……」

我聽了，帶著一份接納與了解，微笑著說：「哎攸～黃阿赧喔，真的是這樣，從黃阿赧小時候我就這樣說，這孩子，呵呵，**就是過不了吃的這一關**，其他事都可以商量，就是碰到食物的時候，黃阿赧就很難……」

坐在後座乖乖繫著安全帶的大女兒開口了：「我昨天那時候有跟馬麻小小聲的說，說我就是過不了吃的這一關啊……」

哈哈哈！我帶著太陽的能量哈哈大笑了一整輪，整整笑了大約二十秒❶。

笑完，我抓著太陽能量的尾巴，問了全家一個新鮮有趣的問答題：「黃阿赧過不了吃的這一關，我們大家都知道。那你們覺得啊，把拔啊，阿毛啊，馬麻啊，分別過不了什麼關？」

小朋友們可樂了，紛紛舉手答題。

「我覺得，把拔過不了我們吵架依依嗚

心法❶ 這時候，如果直接進入教育孩子的流程，總是覺得可惜了些。哈哈大笑，是帶著太陽的單純陽性能量，表達著接納，表達著暫時不評價，表達著，當把拔的，好單純的喜歡著聽到的昨晚的真實故事。

嗚的聲音這一關，把拔也過不了回家沒有人迎接這一關。」兩個女兒幾乎同時又交錯著的說出這個漂亮的答案。

有趣的是，明明她們是說出把拔的弱點，不知道為什麼，我忽然覺得有一種被了解的舒服感……

「阿毛過不了人家不聽她的那一關。」夫人很篤定的說著。後座的小女兒微笑點點頭，表示真的是這樣。小女兒從小像黑道老大，一堅持，就很堅持。

夫人在一旁已經很期待我們怎麼說她了。最了解馬麻的黃阿赧很有信心聲音洪亮的開口：「馬麻受不了地上有東西、餐桌上亂七八糟，馬麻過不了乾淨這一關。」副駕駛座上頭的夫人，點頭微笑說：「真的ㄟ，有一種被了解的感覺耶～」

只是這一關，不是整個人

「會這樣卡住，是不是過不了哪一關？」這樣的問句，是一個很有意思的視角。這個角度，讓我們有機會看見，原來，**是這一關**，不是這一個人，不是整個我，不是整個你，不是整個他。

喔，原來他是卡在想「被完整的喜歡」這個關，不是他愛嫌我。

喔，原來她是卡在「愛乾淨愛整潔」這一關，不是她故意機車要生我的氣。

喔，原來他是卡在想「專心玩完這個遊戲」，不是他沒關心到別人的行程進度。

喔了一聲之後，不是就允許對方一直這樣對我們，而是，帶著這份懂，開始也誠心的又帶著空間的，邀請對方，把眼睛從自己卡著的那裡，移動起來。於是，說不定，有時候，完整的卡在那裡；有時候，移動一點點，也看見心愛的旁邊的人的急切需要。這就是關係吧，既然有了關係，那麼常常就是有時候被照顧，有時候照顧自己。

「你過不了哪一關呢？」

如果，被清楚的看見了，說出了，知道了，有時候，會有一種被懂，被接受，甚至如果幸福一點，會有一份被接納的感覺。然後啊，像是嘆口氣似的說著：

「哎，她就是這樣啦，過不了最後一口沒有留給她這一關……」

「啊，他就是這樣啦，過不了就是想要有人稱讚他這一關……」

聽說，這樣嘆口氣的說著，似乎，就沒有一定要讓這個家，一定要有標準答案。沒有一定要有標準答案，我們，很有可能就都忽然的，自由了一點點。

「把拔，我沒有耐心了……」

剛過的母親節，和很多家庭一樣，我們過的是一家大小返鄉的那種母親節，蛋糕準備的，是給老家大甲的母親的。

那個星期日的晚上，回到台中家裡，大女兒窩在書房的角落，半小時之後，拿出了一張像紙條的卡片，說出了小女孩好直接的心情與盼望。

因為這張紙條，因為女兒的這份情感滿溢的心意，於是，七天之後的星期日，我、兩個小傢伙，要專心的幫夫人過母親節。夫人這陣子和植物還有食材的關係很好，說想要去傳說中的大雅花市買些植物回

媽媽母親節到了，但我們卻沒有好好幫你過母親節，真真的很對不起，但我們全家都有開開心心的去阿公家，也有開開心心的回到家，我希望5月17的那一天是[illegible]天，我們全家可以幫你過母親節，那一天，你可以說你要吃的東西、做的事我們都會給你。祝你母親節快樂♡你的[illegible]上！♡

來種在後陽台。呵呵，真是美好的期望，一個家，常常綠一點，能量就有機會清新透明一些呢！

所以，八點多，我們一家四口已經在往大雅的路上了。車上，我跟孩子們說：「小朋友，我們今天一起努力，全心全意來讓馬麻開心，好嗎？」兩個小妹妹非常配合的，大聲的在車裡一口答應的說：「好！」

一早心情好，能量飽滿，當然可以說「好」。

等到身體有些累了，心裡有點疲了，那個曾經的「好」，常常很正常的就褪色了。

猜心，專心的猜猜孩子的心

九點多，抵達花市，喜歡植物的夫人，像是來到了她的迪士尼世界似的，開心的這裡逛逛那裡叫叫：「哇！你來看，有這個耶！你看，這盆鐵線蕨好綠好綠喔！」這是一個有大樹在邊邊圍繞的花市，我一看到大樹就像看到久別重逢的家人似的，深呼吸的駐足樹下仰望綠意，感受著樹幹的生命力，也找了一個角落，開始短短的

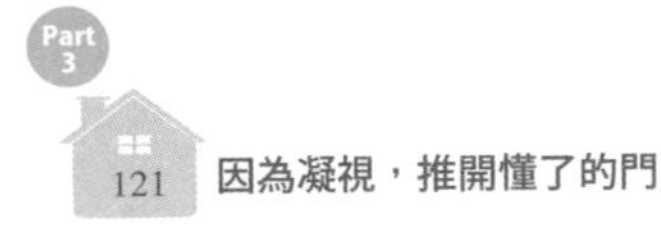

這一天的安靜練習。

花市裡買植物的人們，看起來心情都挺好。我猜，因為每個來到這裡的人，每拿起一盆花一盆草一棵樹，腦海裡總是沒有辦法不去看見這個被挑選的新生命，即將在家裡的某個適合長大、適合好好呼吸的所在，抽芽、扎根，然後綻放。因為這些腦海裡正在播放著的新可能，比起我常常在候機室、高鐵站、捷運上遇見的疲倦神情，在花市裡看見的表情，很好看的真是不少呢。

可能因為這樣，兩個小傢伙，能量掉下來的速度比預期的慢了不少。直到十點多，我注意到五歲的小女兒開始頭低低，有點發呆的神情開始出現。

於是，我蹲下身子，溫柔的注視著小妹妹，她直直又慢慢的朝我走過來，撲到我的懷裡，然後開始輕輕啜泣。

「阿毛，怎麼了？」剛做完安靜練習的我，準備好承接的輕聲又安穩的問。

「嗚嗚～把拔，我沒有耐心了……馬麻挑植物、挑盆子挑好久，我等到沒有耐心了，嗚嗚……」

「哎呦～這樣喔……把拔好高興，你可以這麼清楚的說出自己沒有耐心了，阿毛好棒喔！」

「馬麻一直挑一直挑，我都不知道還要等多久，我沒有耐心了，嗚嗚……」

我心裡想，哎呀，這孩子真好，可以這樣清清楚楚的把心裡的情緒和想法說得如此完整。我真心的為著孩子能夠講清楚自己而慶賀著，同時，我知道，只有慶賀，還不夠，因為那個在花市裡正盡情的過著母親節的夫人，看樣子興致一點都不比百貨公司週年慶低呢。

我開始猜❶。

我猜，小女兒知道，今天大家要一起努力讓馬麻開心（因為車上她們兩個小傢伙都有大聲的答應把拔說好了），所以，如果她這時候跑去跟馬麻哎哎叫吵著要回家，她知道自己會遭到一種「ㄟ！你怎麼這樣啦？不

心法❶ 我常常提醒自己努力的去猜孩子心裡可能正在經歷的種種，這是我心裡給孩子的承諾：把拔，會盡力去猜她們心裡沒有辦法完整表達的，裡面細細的藏著的那些。對我來說，用心的猜，然後多懂一些，是我當爸爸的一份誠意。

是說好了嗎？」的白眼。小女兒也知道，姊姊如果目睹妹妹在這個時候跟馬麻哎哎叫，很有可能會義正詞嚴的教育妹妹說：「阿毛，不可以這樣啦，我們是要讓馬麻開心的喔，今天不可以這樣。」

所以，小女孩卡住了。

我繼續猜，我猜小女孩的一部分的自己，累了疲了，想回家了，想換個地方了。這個大大的花市，對五歲的小女孩來說，在她挑好了她要的粉紅色雞蛋花的那一刻，就已經完完全全逛完了。

另一部分的自己，五歲的她已經知道這個時候不是鬧的時候，她當然也有想要讓馬麻開心呀！她當然也不想破壞這一個全家人計畫中的理想畫面呀。

兩個力量像麻花一樣，纏住了卡住了。卡住了，而馬麻正在快樂的逛呀逛，而帶著對馬麻滿滿的愛的她的姊姊，根據經驗判斷，此刻很有可能會把握機會教育妹妹一頓。所以，這個時候，那個蹲下身子的把拔，就成了小妹妹航行軌道迷失時的港灣了。這些猜測，我全部都沒有說出口，我只是專心的，在心裡想著，理解著，然後，**因為猜測之後的一份理解在心裡迴盪著，於是，似乎就自然的，更完整的接納著眼前的這個哭哭的小東西。**

所以，小妹妹在我的懷裡，啜泣著……

「阿毛～可以這樣說出自己沒有耐心了，把拔很為你高興。」一模一樣的話，我帶著微笑又說了一次。同樣的話語，如果帶著愛帶著更完整的理解來承接著，就是滋養；同樣的話，如果帶著不耐煩和壓制，常常就變成了囉唆。

小妹妹在我懷裡，肩膀鬆了一點，我猜，她的第一個部分，沒有了耐心等不下去的部分，已經被把拔完全承接了。難受不知如何是好的情緒一旦被承接了，內在的流動就會發生，這時候，原本在卡住狀態時完全沒有被接觸到的訊息與資源，都開始有機會進到心裡來。就在這個時候，我注意到小妹妹小小的眼睛轉了一個方向，望向遠方的擺放雞蛋花的角落，然後她開口：「把拔，我怕我選的那個粉紅色的雞蛋花會被別人拿走。」

「呵呵，**這樣喔，那把拔牽著你的手，走過去找到你的那盆粉紅色雞蛋花，然後先拿來這邊放著，不要給別人拿走，好嗎？**」

她沒有出聲但很確定的點點頭。小妹妹從把拔的話語裡，聽出了這個時候的把拔處在可以完全疼愛她的狀態，於是，眼角的淚滴還沒有乾，嘴角已經偷偷出現了一點點隱隱上揚的弧線了呢！

創造新的屬於自己的照顧空間

我牽著小女兒的小手，珍惜的往雞蛋花盆栽那裡走去，然後一邊走，我一邊開始為等一下的移動做準備。人的身體，不管是大人還是孩子都一樣，只要開始動起來，沒有僵在困住的那個身體姿態，內在的移動與新行動的發生，常常就沒有原本那麼難了。

「太太，你大概還想要逛多久？」往雞蛋花那裡走去的路上，遇見夫人，我問了這個很實際的問句。

「二十分鐘。」遲疑了三秒鐘，夫人這樣回答。

說出二十分鐘之前，夫人的眼珠子轉了一回、眼睫毛眨了兩次。我猜，她其實不只想要二十分鐘，但是她也看在眼裡，兩個孩子和昨天剛帶完一整天工作坊的老公都不怎麼撐得住了，所以，她心裡想的可能是四十分鐘，但折衷成二十分鐘，讓自己有快樂，同時讓老公孩子不至於太辛苦。所以，帶著這個很可能猜對的懂，我已經在心裡做了決定，我要帶著兩個女兒離開花市現場四十分鐘，支持夫人擁有她難得可以擁有的快樂。

一旁在馬麻身邊繞來繞去的大女兒，表情似乎挺滿意的確定了她想要的小花盆和搭配的圓形盛水盤，看起來也快要完成她的小採購行程了。於是，我把這兩個小傢伙叫到我身邊，離馬麻有一點距離❷，蹲下身子，然後看著兩個小傢伙的眼睛說：

「馬麻還想要逛二十分鐘，把拔想要讓馬麻安心的好好的逛花市，你們也想讓馬麻開心，所以，把拔帶你們去找找看，附近有沒有哪裡有賣冰淇淋，好不好？」

帶孩子去吃好吃的，是一個平凡至極但又不容易失敗的行動建議。而且，在這個熱氣逼人的夏天，便利商店裡誘人的冰淇淋，也是一個挺開心的選擇呀！

心法❷

和孩子互動的時候，創造屬於自己的領域空間，是挺重要的一件事。孩子如果長時間和媽媽（或主要照顧者）相處，會籠罩在媽媽的能量場裡，於是想法、邏輯、感覺，都會圍繞著媽媽所呼喚出來的習慣性反應。這時候，如果沒有拉出一個距離來，大部分的建議、行動、改變、點子，常常會無法順暢發生。所以，我常常在想要跟孩子有一個不一樣的行動時，會先把距離拉開，把孩子帶到另一個空間，然後創造一個屬於爸爸的嶄新能量場。

「好啊！」

「好啊！喔耶！」

於是，我開著車，載著挑花盆的耐心用完但找冰淇淋的耐心很飽滿的兩個小傢伙，開始了我們的找冰淇淋之旅。四十分鐘之後，我們回來了，夫人正在結帳區前排隊，兩個小傢伙跳跳跳的跳過去開心的跟馬麻說，她們剛剛怎麼幫把拔找到賣小美冰淇淋的便利商店……

有停下來猜，於是有了真的陪

有時候我會這樣想，一個人耐心沒有了，是好正常的一件事情呀！而心裡有了兩個聲音打架了，所以不知所措，也是多麼自然會存在的啊！

小女兒五歲這一年，我真開心，那一刻有看到她頭低低能量掉下來；我真開心，那一刻有蹲下來；我真高興，那一刻我有好好的猜；我真高興，猜了懂了之後，我有好好的陪陪她。於是，我知道，因為她曾經有完整的被懂的經驗，於是，這個孩子長大以後，很有可能會在十五歲那一年，十八歲那一年，三十歲那一年，四十六歲那一年，這樣跟把拔說：

「哎呦~把拔，我的時間都不夠用啦，怎麼辦，我不知道要不要專心的畫畫就好，還是也要更認真的天天練吉他，我好愛畫畫又好愛唱歌，怎麼辦……」

「把拔，我好像談戀愛了……我早上醒來晚上睡前，怎麼想，都是他，他的輪廓他的微笑……」

「把拔，不知道為什麼，我的熱情忽然消失了，原本的堅持全都失去了力量……我想，我想到你的懷裡，再當一次無助的小女孩，好嗎？」

小女孩長大以後，說不定會有那麼一天，她摸著很老很老的我的眼尾紋，溫柔至極的這樣愛著我說：「把拔，你的皺紋好美，你的歲月你的時光，真值得……」

「今天，想對誰溫柔？」

那是元旦過後沒幾天的一個傍晚，五歲的小女兒從幼稚園放學，上了我的車，挨著身子靠著駕駛座的我。貼貼靠著我的小東西，輕聲柔軟的叫著我：

「把～拔～」

從小像極了黑道老大的小女兒，竟然會這樣撒嬌，我驚訝極了！

「阿毛，你今天叫把拔怎麼叫得這麼好聽？」我好奇的問。

小女孩想都沒有想就說：「我今天早上起來，就想，我今天想對黃阿赧，還有把拔溫柔。」

這樣喔……可以這樣喔!?可以想對誰溫柔，然後就讓溫柔發生！

真是太神奇了。四十五歲的我，每天都做安靜練習，然後在安靜練習裡問自己：「生命的這個時刻，我最想創造的是什麼？」然後雙手手掌朝上，祈求著天地，祈求著潛意識直覺的智慧給一份訊號，然後，才聽見一點點聲音與方向。而我的五歲女兒，竟然就這樣，一早起來就決定了：「我今天想對黃阿赧還有把拔溫柔。」

棒透了！真是為這個孩子高興。五歲，就可以這樣有覺知的活著（Mindfulness），而且，就這樣，在和想發生的對象一遇見時，就做到了呢。

帶著懂的凝視

對一些人來說，溫柔，是一份本能。

對一些人來說，溫柔，是一份期許。

對一些人來說，溫柔，是一份奢求。

而我，是從二十四歲開始，學習溫柔的。對我來說，**能不能「溫柔的凝視一個人」這件事存在著一個最大的敵人，就是「匆忙」**。匆忙，有時候是因為累了，需要趕緊回去休息。匆忙，有時候是因為就習慣了匆忙，想要有效率，因而失去了與人的接觸與溫度。所以，一路上，都在一次次的深呼吸裡，鼓勵自己可以再多一點溫柔。

我想起剛過的週末，香港的音樂人朋友來台灣玩，我們約在勤美綠園道旁的春水堂，兩家人一起吃早餐。吃完早餐，孩子們自由的在大草坪上奔跑，玩丟很遠很遠還可以接起來的摩天球。小朋友奔跑得差不多之後，我們一起散步在好多狗狗的綠園道上，這時候，愛畫畫的小女兒忽然不動了。

小女孩停下了腳步，眼睛幾乎不眨的，盯著眼前的畫面。

一個歐洲來的奧地利畫家，正在為人用蠟筆畫畫。五歲的小女孩，站著，看著，嘴巴微微張開，她看呆了……二十四色的雄獅牌蠟筆，我們從小用的那種最平常的蠟筆，竟然可以畫出眼前的人的彩色模樣。愛畫畫的阿毛，像是看到了另一個世界。

我們就在那裡，足足看了二十分鐘。

「馬麻，我們可不可以也坐下來讓外國人畫？」

「那你們要問把拔……」

「把拔，可以嗎？拜託拜託……」

兩個小女孩睜大眼睛求著把拔，我的第一個自動化反應就是，唉攸，這一畫，至少半個小時，兩個小傢伙加起來，就是一個多小時，這樣回到家都累了，下次好了……

我忍住，沒有說。

因為自動化，帶來僵化，我努力著不要掉入原本的習慣模式。

一旁的大女兒看出了把拔心裡的為難與掙扎，輕輕拉著我的褲管說：「把拔，阿毛現在正可愛，讓阿毛畫就好，我沒有關係。」

我一聽，深呼吸上來，七歲的女兒這麼努力，我也要來努力。所以，我再來一個深呼吸，然後我回想起，這天清晨的安靜練習裡，我接收到自己這個階段最想創造的，是：「和孩子一起玩，一起歌唱」。於是，我好好的凝視著眼前的女兒，我的心裡已經決定要改變自動化習慣了。我蹲下身子，溫柔的對大女兒說：

「黃阿赧，你有想要讓外國人畫你嗎？」

「把拔，我沒有關係，讓阿毛畫好不好？」

「好ㄚ！」我說，「同時，黃阿赧，如果你有想要外國人叔叔幫你畫畫，把拔下個星期六也沒有要帶工作坊，我專程帶你來這裡❶，然後畫你，好嗎？」

「好啊！」七歲的女兒笑著點點頭說。我猜，她正在全心全意的高興著她的妹妹可以快樂的擁有這個很獨特的蠟筆素描經驗。

「阿毛，把拔說可以耶！你可以坐下來囉！」小姊姊好開心的跟她的妹妹說！

小小的小女兒聽到了這幾個好珍貴的「好啊」，她的眼裡，出現一種很罕見的光芒。我一把抱起她坐到剛空出來的皮製小椅子，奧地利來的畫家，開始用英文，還有幾句簡單的中文，像是漂亮、喵喵、LOOK、看我、看我，和女兒交談……

在接下來的整整三十分鐘，大女兒都陪著妹妹，提醒著：「阿毛，要坐好喔！阿毛，看外國人叔叔喔～」真是溫柔極了。而我，當爸爸的，興味盎然的，看著畫家畫著，看著女兒笑著。這個留下來給畫家畫畫的新決定，一點都不自動化，同時，實在是太美好了。三十分鐘之後，畫好了。小女兒好開心的手裡拿著畫，和畫家與畫作一起合照。

心法❶ 大女兒這個孩子的體貼很多，同時，也就很有機會累積委屈。所以當我凝視這個孩子的時候，我會想著：決定讓妹妹畫畫這件事，大女兒會不會因為體貼著妹妹想畫畫，又體貼著把拔需要回家睡午覺，而心裡累積了過多的委屈？答案似乎很有可能。因此，我蹲下身子，很認真的要讓女兒知道，把拔沒有要因為照顧自己、照顧妹妹，就讓她委屈。這一份帶著對孩子的懂的凝視，是我一直努力學習著的。

溫柔，原來可以是很美的祈求

這天的夜裡，大女兒睡熟了，小小的小女兒睡不著，爬了起來，走到離客廳不遠的貼著這張畫的牆壁前。

我看著她，帶著笑意。

小小的小女兒拿著小凳子，爬高一點，讓自己能夠看得更清楚這張畫，這個自己，這個自己第一次被這樣凝視而且畫下來的蠟筆畫。她讚嘆著說：「把拔，怎麼可以畫得這麼像厚!?」呵呵，聽到小妹妹這樣說的這個時刻，是我一整天，最滿足的時刻。

還好……

還好，有深呼吸，有停留，所以有了這個有溫度的時刻發生。

溫柔，是一種溫度；溫柔，是一種觸感。我猜，把握著機會，一次又一次的有溫度的有觸感的，這樣凝視與停留，孩子真的很有機會長出溫度也活出觸感。

孩子給出的溫柔，讓我想起一個短短的小故事……

小學二年級的大女兒，在期末考快來的季節，家裡開始出現期末考練習卷。我最喜歡看的，是練習卷裡的造句。這一天，我看到了這張練習卷裡，出現驚喜的造句（見下圖）。

哎呀！這樣喔～我看著練習卷裡的這個句子，把女兒抱進懷裡，說：「謝謝你這樣溫柔的對把拔，一次一次的擁抱把拔，歡迎把拔回家……」

溫度，這樣用心的傳給孩子，然後有一天竟然如此驚喜的傳回來。而擁抱的觸感，這樣把握機會給出去，然後，一天一天的，也傳回來。在故事的發生裡，逐漸知道，溫柔，原來可以是很美的祈求。

在凝視裡，互相取暖

凝視，一天一天的，在挫折哭哭的時候發生，在委屈不知所措的時候發生。於是，孩子似乎不知不覺中，也內化了凝視的那份溫柔，有一天，自然的在姊妹的互動裡，悄然成形。下頭這兩個故事，讓我發現，孩子在凝視中長大，真的逐漸學會了互相取暖。

「阿毛來，姊姊陪你！」

這個故事，發生在大女兒五歲的時候，那一陣子，每天早晨，我總是在兩個小妞妞的聲音中起床，有時候是大叫，有時候是一聲大哭，有時候是一聲咯咯笑。

兩個孩子，還真的身心都長得很不一樣，小女兒天生氣勢十足，一副我是老大的模樣，而大女兒天生溫柔婉約，有好多好多的愛想給出去。

有一天，小女兒堅持要喝下一杯不小心放過夜沒有冰進冰箱的豆漿，超級注重健康與安全的把拔，當然不會容許這樣的行為，於是，當把拔的我，瞬間認真嚴肅了起來。像黑道大哥的小妹妹，當然不會第一時間就範（如果黑道大哥一被嗆聲，就點頭說是是是，好好好，那還當大哥個屁啦）。

小女孩，小小肉肉的手，堅持握著豆漿杯子，一副你再逼我，我就喝給你看的氣勢！把拔這時候是不會讓步的，拿下杯子，直接拿到洗手台倒掉沖掉。

小女孩輸人又輸陣，開始大哭！哇哇哇哇！我因為需要出門做督導，拿起鑰匙出門了。兩小時後，回到家裡，一進門，竟然看到大女兒牽著小妹妹的手，走向我，大女兒說：

「阿毛，來，跟把拔說對不起，來，姊姊陪你一起說……」

哎呀～怎麼這麼好，還有姊姊陪著說，真是幸福的小妹妹啊！五歲的小姊姊，知道把拔的氣一時下不去，需要妹妹道歉；五歲的小姊姊，知道妹妹的拗一時轉不過來，需要姊姊陪，怎麼有這麼好的小姊姊……

這個故事，讓我又想起了另一個晚上。那天晚上，我急著出門，因為忙碌的行程耽擱了原本約好的事情，我穿鞋拿鑰匙騎摩托車，趕著去。

幾個小時之後回到家，聽夫人說，大女兒因為擔心把拔很著急，在臥房的床上閉上小眼睛，為把拔說了一段祈禱（這孩子上的是基督教幼稚園，所以學會了這樣的祈禱）：

「親愛的天父，謝謝你給我們這麼好的爸爸，謝謝你給我們這麼好的媽媽，親愛的天父，請你照顧把拔平安，平安的騎車，平安的回來，小孩子禱告，奉主耶穌之名，阿門……」

回到家的我，聽著，好感動，真是貼心的女兒啊！

「你可以剩下痛痛就好……」

大女兒七歲的那個寒假，我帶著孩子來到東海岸看太平洋。我呢，白天寫書，和孩子在海邊奔跑、玩水；夜裡，在海邊安靜生火。安靜又平凡的生活，珍惜極了。

那天，為了吃那個得到牛肉麵比賽大獎的阿牛清燉牛肉麵，我們來到了小野柳的海邊。大女兒為了要第一個跑到大海，奮力的跑跑跑，哎呀，在石頭路上摔了一

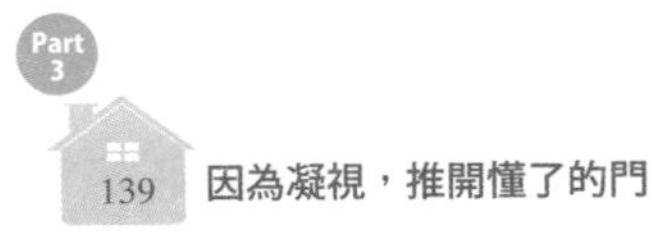

跤。小女孩大哭著，一邊哭一邊大叫：「我不要跌倒我不要跌倒，我又跌倒了我不要跌倒，嗚嗚嗚嗚嗚……」那是生自己的氣的哭聲。出來玩，受傷流血，是好雖（好衰）的事情，大哭，在我們家，是很好的一件事。

而五歲的小女兒，蹲在姊姊身旁，極其溫柔的輕輕摸摸姊姊的手，安慰著照顧著。

然後接下來這一整天，一路上，小妹妹就這樣一直牽著小姊姊的手，照顧著姊姊。這個五歲的小妹妹，不知道從什麼時候開始，已經長出了豐沛的愛人的能力，我驚訝極了，又有滿滿的開心！

然後啊，到了晚上，在民宿的房間裡，大女兒白天沒有走完的情緒，還縈繞著，洗澡前，自言自語的不怎麼高興的，又說著：「要是我今天沒有跌倒，我現在就不會那麼痛了，要是我今天沒有跌倒，我就……」忽然，一旁的小女兒，開口給小姊姊開示了起來。

她架勢十足的說：「你可以、你不要一直生氣，如果你一直生氣的話，就感覺你一直跌倒。你可以剩下痛痛，可是不要剩下煩惱。不然感覺你一直跌倒一直跌倒。」

然後，一旁的大家，充滿崇敬的眼神看著五歲的小妹妹，空氣中，彷彿有一種張大千畫出潑墨荷花的一落筆瞬間，滿滿的禪意隨著淡淡的色彩暈開……

呵呵，太精彩了！當把拔的，只能在太平洋的海浪聲裡，盡全力的，給女兒拍拍手❶！

心法❶

拍手，是超級棒的又很純粹的太陽能量！特別是當我們真心覺得讚嘆的時候，心裡很想拍手，然後就用力拍手，拍拍拍，讓聲音迴盪在空氣裡，震動到身體裡，孩子，自然的，就擁有了帶著讚嘆的美麗凝視。

Part 4
在對話裡，
陪孩子長出力量

提味辣，讓香味不由自主的散發出來

「老闆，來一碗紅油抄手～」中午時分，覓食的我這樣點了菜。

「教授喔，好久不見了！」忠孝夜市的抄手涼麵店老闆胖哥，總是習慣叫我好久以前的職稱，很可愛的。

「對呀，一轉眼啊。」我笑笑的回答。

「教授要大辣中辣還是小辣？」老闆娘問我。

「哎呀，教授都是提味辣啦！」老闆幫我回答。

呵呵，提味辣，是我很喜歡的形容詞。提味辣，不讓辣搶走了麵皮與餡料的你儂我儂，同時，因為那一點點提味辣，讓一種在裡頭、介於之間的香味，不知道為什麼跑了出來。

「好問句」之於潛意識直覺資源，就很像是「提味辣」之於紅油抄手，用數學式子來說就是：

好問句：潛意識直覺資源＝提味配方：食物

好問句，指的是可以澄清自己真正想要的問句、可以為自己帶來能量行動的問句、可以真正引導自己進入準備狀態的問句。潛意識，像是半生熟的食材，在不懂烹煮的情況下，常常落得身體不適、肚子痛的下場。但是如果因為這樣，就詛咒潛意識，不理潛意識，可就浪費了豐盛又新鮮的美好食材了！

所以，如果可以不要怕潛意識，用可以自問自答的好問句來和潛意識交朋友，喝口茶、聊聊天、握握手。然後，如果有一天，可以一起交融，那麼產生的人生滋味，很有機會美極了！

我想起了一個海邊冬天夜裡的故事……

還有要多準備什麼嗎？

大女兒小二的那個寒假，我帶全家去台東住在海邊。那個夜裡，在太平洋的海浪聲裡，大女兒正打算生起自己人生的第一個火。

「把拔，我這樣火生得起來嗎？」女兒指著她自己堆好的可愛小柴堆。

「把拔看看，嗯嗯，有留了足夠的氣流空間、送柴口的方向和煙的方向符合風向，非常好！」我讚嘆的說著，像是個自豪自己女兒好棒的爸爸。

「把拔，還有要多準備什麼嗎？在點火之前？」女兒若有所思的問著。

哇哇！真是精彩！這個孩子，開始問出好問句了。

「把拔，還有要多準備什麼嗎？在點火之前？」這個問句裡，孩子問的是：「在……之前，還有要多準備什麼嗎？」當一個孩子開始問了這樣的問句，就知道，是時候凝視她的前進了。點火之前，準備了什麼，會讓這盆火，好好的燃燒，讓冬夜的暖暖變成真的？真是個好問題啊❶。

當把拔的，當然要珍惜這個時刻，因為，如果我幫她找到了答案，她就少掉了一次透過自問自答的方式，來暗示自己進入全力準備狀態的好機會！

所以，我接著孩子的好問句，用了接續的另一個問句，這樣回答女兒：

「對耶，你問題問得真好，把拔問你喔，**你想要生一個什麼樣的火？**」

這是一個很純粹的**澄清想要問句**，讓我們可以一起停留在這裡，澄清孩子心裡面真正想要的，而不是硬灌給孩子一個標準答案。

「我想要火可以不會太小，又可以暖暖的很久。」女兒說出了她的想要。

「**好丫，點火之前，如果多準備了什麼，會讓這盆火，更好好的燒，而且可以讓我們在海邊暖暖的好一陣子？**」我跟著她。

女兒看了看自己的小柴堆，歪著頭想了想，說：「可是我這裡的木柴不夠ㄟ，啊！我知道了，**我要去找多一點的中中的木柴，還有一兩根大的木柴，這樣可以燒得久一點**。」哈哈！最後這幾句話，已經啟動行動的催眠暗示了❷！

「呵呵，黃阿赧自己想出來，好棒！」

心法❶

一個好的問句，常常就是一個觸發行動的極佳暗示。一個孩子如果學會了問自己這樣的**關於準備**的好問題，那麼他就學會了暗示自己**為了想要去的那裡**而**開始的全力準備**。而陪伴者，先不給答案，接下去陪著孩子繼續這樣問，是重要的。

我笑笑的凝視著女兒。

「阿毛，我們一起去撿木柴！」女兒呼喚著她的小妹妹黃毛毛。

「你去就好，我要躺在這裡，很快樂的看星星喝果汁。」黃毛毛可是不輕易從眾的，呵呵。

七歲的女兒，就在大大的漆黑的海邊，拿著手電筒，因為知道自己真的想要生起穩定的一個火，而甘願的撿起早上漲潮時，海浪打上岸來的一根又一根的中中的木柴……

而小女孩獨立生起的火，真的在冬天的夜空下，燃燒了起來。

我們來倒帶一下，用紀錄片的連續鏡頭，細細的回頭看看這個海邊的夜裡出現的

心法❷

好的催眠暗示詞，常常可以讓行動順暢發生。在這裡，女兒使用的語法非常有力量，我們倒帶一下剛剛這一句，她說的是：「……**我要去**找多一點的中中的木柴，還有一兩根大的木柴，這樣可以燒得久一點。」女兒可能是聽把拔幫自己下催眠暗示聽多了，自我對話的語言裡很自然的就用了這樣直接連接行動的語法：**我要去**。

幾個好問句：

「把拔，還有要多準備什麼嗎？在點火之前？」

「對耶，你問題問得真好，把拔問你喔，你想要生一個什麼樣的火？」

「我想要火可以不會太小，又可以暖暖的很久。」

「好ㄚ，點火之前，如果多準備了什麼，會讓這盆火，更好好的燒，而且可以讓我們在海邊暖暖的好一陣子？」

「啊！我知道了，我要去找多一點的中中的木柴，還有一兩根大的木柴，這樣可以燒得久一點。」

好的催眠暗示其實就是在很多的「我想」和「可是」之間，找到我「真的知道可行又想這麼做」的路徑，然後，跟自己說：「是的，這是我真的要的，我要這樣這樣準備，然後讓行動和計畫帶我走去那裡。」因為澄清了真正想要的目標，然後想想可以多準備什麼，就很有機會繞過那些「可是」、搬開那些「但是」。

和潛意識溝通，並不難，如果在生活裡有了和自己好好說話的催眠暗示，或逐漸擁有帶來行動的自我對話問句，那麼，就有了和潛意識這個好朋友溝通的發生。而給自己好的催眠暗示，也並不複雜，其實就是真心誠意的跟自己的潛意識好好的說一段話，有了一個商量，於是，那些「我想」「我要」，就有了大大的天空得以飛翔。

提味辣，是一種神祕配方，讓半生熟的食物可以因為神祕配方的加入，而有了更意想不到的香味。而好問句，是一種引線，是一段階梯，讓半生熟的潛意識和直覺，因為細緻的引導與烹煮，而有了一整鍋冒著熱氣、逼出香氣的美味。

長出力量，長出自由與溫柔

是個好特別的二月，我和大女兒有一個特別的約定。大約十個月前，我就跟大女兒說好，她讀國小二年級的這個寒假，把拔要單獨帶著她來台東騎腳踏車。

當然，旁邊的小女兒會問：「為什麼？那我呢？」所以，也跟小女兒說好，三年之後等她到了國小二年級時，也會有這麼一次特別的把拔陪她騎腳踏車之旅。

旅程，常常是從預告、計畫、想像，就已經啟程了。會有這樣的點子，不是從電視裡很紅的《爸爸去哪兒？》來的。會想單獨帶女兒去台東騎腳踏車，是因為好朋友錦敦。好幾回我們一起開車經過台東海岸邊，他都會指著海灘旁的自行車道說：「還好兒子國小三年級那一年，我有帶他來這裡騎腳踏車……」

生命中的那些「還好」，都讓我們在年老將至的時刻，可以依然摸摸心口，有一種好險沒有錯過這段歲月的安心。每回，我聽到好朋友說話時，說到「還好」，我總會在心裡記下來。然後問自己：

「朋友說的這個『還好』，我想不想在自己的這一段生命裡發生？」

錦敦的這句「還好」，大概說過四五次，所以我猜，那一定是很珍貴的還好。於是，我又特別認真的問了自己好幾回，每一次，都覺得要做這一件事情實在很困難，同時，也有一份躍躍欲試的心情。於是，在去年、前年，兩年的準備裡，每隔半年就讓自己進步一點，從帶孩子出門三天，到五天環島，到年初的全家九天之旅，我猜想，我，和女兒，都更準備好彼此要上路了。

耳朵、眼睛都極其敏感的我，總是習慣一個人在自己的床上入睡，兩年多來，慢慢的在旅程裡，可以在孩子的呼吸聲、翻身的聲音裡，有機會多入睡一些了。同時，我知道，大女兒極其眷戀馬麻，這會是她七年的人生歲月裡，第一回和馬麻分開，與把拔單獨相處三天。所以，這段準備的過程，漫長而漸進。

出發前的幾個星期裡，中間好幾度，夫人有點擔心的問我：「你確定女兒準備好了？」

「我猜，她沒有準備好的時刻。同時，我覺得只要出發，她就會開始動用資源、呼喚力量，然後準備就可以正在發生。」我沒有十足的把握，但信心滿滿的說。

啟程前一天，眷戀母親的女兒黃阿赧大哭了三十分鐘，哭到不能自已……我深呼吸又深呼吸，一次又一次的說：

「黃阿赧，哭哭很好，很愛馬麻，所以可以這樣哭哭……

「黃阿赧，今天晚上在這裡，明天晚上在台東，不管你怎麼哭，把拔都會照顧你疼你，一次都不會生氣。」

女兒哭哭想馬麻，在歷史經驗裡，當把拔的我，是會照顧到後來惱羞成怒的。那些女兒兩歲時、三歲時、四歲時、五歲時，我都曾出現在心裡的話是：「是怎樣，把拔這樣用心照顧你，你都收不到，你就一定要馬麻，厚！」

這是無效的自我對話，所以，換掉它。

無效的自我對話，對於情感傳遞接收無效的內在對話，就勇敢的換掉它。換成的新的話語，心裡跟自己說的是：「來，來做到。三天，愛女兒，也長自己的力量。」

之前的挫折經驗，不只種在我的心坎裡，也種在女兒的心裡。所以，要換掉，就要說好幾次，然後，用行動與新經驗，真的換掉。所以，找機會，就再說一次：

「黃阿赧，把拔跟你說，到了台東，你如果很想很想馬麻，即使大哭三十分鐘停不下來，把拔都會照顧你，一次都不會生氣。把拔會抱著你，繼續疼你愛你。」

要做這樣的保證，是決心，也知道，大自然裡我有最順暢的自然環境幫助我可以接收愛傳遞愛。同時，我也知道，已經連續做了一百多天的早晨安靜練習，給了我穩定很多的平靜與力量。所以，說了，就來真的讓新經驗有機會發生。

邀請孩子進入「好好思考」的狀態

旅程開始了，六個小時的車程，從西部，翻山越嶺到了東部。夜裡，我們在太平洋海邊，女兒已經熟練的搭起了她自己的柴堆、用火柴點火、烘烤小番薯，還一邊生火，一邊跟民宿另一間房的小妹妹小姊姊說著生火要怎樣搭柴堆、給空間、加柴火，才能生得起……

我在自己的火堆旁，看著三公尺外的女兒的背影，用木棒撥著柴火的模樣，數度觸動幾乎落淚……前一回，一樣的生火場景，也才不過幾個月前而已，那一次，女兒還連一根火柴都不敢劃下去呢！

那天傍晚日落前，我們有一段很有意思的對話：

「把拔，我們晚上要生火嗎？」

「我要。你呢？」我為自己的選擇發聲，把女兒的選擇留給了她。

「嗯嗯嗯……」小女孩陷入長考中。

「可是，如果要生火，就要先去撿柴火，那很累呢！」小女孩繼續掙扎中。

孩子掙扎了，就是內在對話激烈進行的時刻，這是絕佳的思考訓練與價值觀澄清的時刻。這個時刻，我通常都是給出完整的時間，盡量不介入，然後集中力量給出最大的空間。

「把拔，怎麼辦？」

「呵呵，**好好想一想囉，看看你想要怎麼使用晚上的時間❶**。」

「嗯嗯嗯……」小女孩繼續進入長長的思考狀態，而我，修改著《你的夢，你的

心法❶

「看看你想要怎麼使用晚上的時間？」這樣的問句，不是為了讓這個夜晚可以順利度過的功能性問句，而是一個邀請孩子進入「好好想」「好好思考」的狀態的重要問句。換句話說，這樣的問句，不是想要快速的找到一個答案，而是陪著孩子進入好好思索的狀態。因為孩子長大的路途裡一次一次的被這樣的問句圍繞，不知不覺中，很可能也學會這樣問自己，因而真的能好好的思考。我們期待的，是未來在孩子青春期的時候、讀大學的時候，或者當身邊的人胡亂過日子、胡亂揮霍青春的時候，孩子會想起這一個問句，然後閉上眼睛好好的問：「親愛的自己，我想要

力量》的書稿，在太平洋的夕陽餘暉裡，太陽，在都蘭山的第三個山峰的頂端，即將走向台灣海峽了。在最後一道夕陽消失之前，女兒開口了：

「好，把拔，走，我們去撿木頭。」

清晰又有力量的聲音出現了！當孩子的念頭掙扎有了自己的出路與決定，那麼，就是陪她行動的時刻到了。**思考，要靠她自己摸索，而行動，陪著她，特別是剛開始的階段，會很美。**

我們父女，走了長長長長的沙灘，在冬天，滿身大汗的走回來，回到即將要生火的地方，大地已經全黑了。因為黑夜悄悄降臨，所以安靜特別豐厚，兩個火堆，一個大的，一個小的，十分鐘之後，悄悄的在海岸線的

怎麼使用這個晚上的時間？

我會想要怎麼使用我接下來的時間？」

彎彎那裡，已經生起。

夜裡，柴火退去烈焰，成了像是紅寶石的溫潤色彩。民宿另一間住的小妹妹，已經在房間裡開心的享用著我們吹海風時現烤的熱騰騰小番薯。八點多，生起火之後的一個多小時，透過柴火光影，我看過去女兒的背影，低垂。

我走過去，彎下身，輕聲的問：「黃阿赧，你是不是想馬麻了？」女兒抬起頭來，哎呀，已是滿臉淚痕……我抱起女兒，讓她在我的懷裡，撥電話給馬麻，嘟了幾聲之後接通，哭聲馬上來了：「馬麻！哇哇哇哇！我要你來陪我！馬麻！」孩子的哭聲在海風裡特別淒涼。我繼續添著柴火，也準備帶孩子回溫暖的房間被子裡，我能做的，就是提供溫暖的堡壘。

如果女兒要的，是母親的那個懷抱，認了。

如果我還可以給愛，可以給出一個讓女兒盡情想念馬麻的空間，那我就給。

女兒的哭聲，沒有意外。女兒的哭聲，充滿思念。

女兒一邊哭一邊跟馬麻說再見，說等一下睡前再打電話給馬麻。於是，我們熄了火，滅了灰燼，進了房。**女兒，在新的經驗裡，確定了把拔之前說的「哭哭想馬麻的時候，把拔不會生氣，會疼她」，已經真的發生了。**真的發生了，真的新的經驗已經不是想像的了，這麼一來，新的大腦資料庫，就開始種下了新的記憶。

在新的記憶底下，新的思考與行動常常就不一樣的跟著到來了。女兒回到房間，洗了熱水澡，擦乾，換上熟悉的睡衣，女兒開口了：

「把拔，我決定等一下不要打電話給馬麻了。」

「喔？**那你想要的是？**」❷

「我怕我打電話給馬麻又會哭哭停不下來，所以我決定等一下傳LINE，用那個聲音訊息，我在那裡跟馬麻說話就好了。」女兒挺篤定的說著自己的新思緒。

「哇！好方法，你想出好棒的方法耶！」

「對呀，我覺得這樣比較好。」女兒似

心法❷

不要的後頭總有一個想要。

所以，當我聽到女兒說不要的時候，很自然的會往下去問出她的想要。當孩子的想要被聽見了，又有機會找到實現的好方法，那麼孩子就更能處在資源狀態裡，進而找到自己偏好想要成為的那個自己。

乎也對自己想出的新決定挺滿意。

這個夜，比往常更安靜，更滿足，更溫馨。我們父女倆，和預期的很像卻又出乎意料的，度過了第一夜的大挑戰。

如果想讓孩子學會思考，可以先從自己也這樣想開始

一夜過去了，清晨醒來，女兒已經跟民宿女主人在木頭露台的吧台邊聊開了呢。我獨自赤腳走向大海，一如往昔，在我喜歡的海灘彎彎那裡，雙手合十，打開垂直通道，接收天地的美好能量，問自己：「生命的這個時刻，我最想創造的是……」❸

海浪一波一波徐徐的湧入、退去，湧入、

心法❸

「生命的這個時刻，我最想創造的是……」這樣的問句，是我幾乎每天早晨都會問自己的問句，透過這樣的澄清問句，有覺知的經營每一天想活出的樣子。我也偷偷的盼望，當孩子一天一天看著自己的爸爸這樣好好的問自己，當她們長大以後，遇見迷惘的歲月裡，也會忽然想起可以這樣問自己：「生命的這個時刻，我最想創造的是……」有時候我會覺得，如果想讓孩子學會怎麼想事情，可以先從自己也這樣想，來起步。

退去。沙灘上，出現了美麗的紋路。成千成百的小石子，在一大片的細細沙灘上，在海水退去之後，會有一兩分鐘，形成線條形狀十分細緻的紋路形狀，像是一個又一個的扇貝形狀……

「自然的紋路。」這個聲音從心底跳出，這個聲音從大自然裡順暢傳入，告訴著這是我生命這個時刻，很想創造的。對，自然的紋路。不強力的切割、不逆紋的挖鑿，柔柔似水的湧入、滑動、牽引小石子、滑落、輕輕的拉動無數的小細沙，於是，扇貝的彎曲形狀、自然的紋路，忽然來了。

二十幾三十歲，奮力很重要也挺必要。四十幾歲五十將近，順應自然忽然重要了起來。好ㄚ，「自然的紋路」，歡迎，歡迎，歡迎。二十三十的年歲，奮力很多很多，拚勁很坦蕩；而四十五十的年歲，自然的紋路很美，同時，依然可以有奮力的時刻。

踏著沙灘的我，忽然想起前一陣子聽《中國好歌曲》裡的年輕女孩蘇蘇，唱著她望著大海的創作曲〈野子〉，搭著高鐵聽著耳機的我，連著聽了二十幾次，落淚二十幾次。

「怎麼大風越狠，我心越蕩……我會變成巨人，踏著力氣踩著夢……」

哎呀，這樣的勇敢，這樣的力量，真懷念這年輕歲月的無懼和力道。於是，我呼喚自己好久不見的勇氣與奮力，來到自然的紋路這裡，一起。於是，能夠創造這個，就來創造；不能擁有那個，就不強求。能夠這樣彎彎的美，就歡迎美的到來；可以那樣柔柔的笑，就整個人給出微笑。

想奮力陪女兒三天兩夜，就真的卯起來勇敢的試試看。覺得需要大塊的時間書寫，就奮力的挪出時間空間，好好的寫出這段歲月最能創造的。謝謝老天爺，給了我這麼好的訊息，來逐漸擁有自然的紋路，給自己一個奮力又勇敢的生命。

女兒曾經說過，她跟馬麻在一起的時候，溫柔比較多；她跟把拔在一起的時候，勇敢力量比較多。

這一次三天兩夜的小旅行，當我看到女兒傍晚洗完澡之後，在我的視線裡，自在又盡興的，學狗狗尿尿挖沙的超級好笑模樣，全身上下，衣服褲子都在海灘上打滾！（她知道洗好澡之後，玩沙很可能會被馬麻制止，而把拔，卻是會哈哈笑的。）

看著這個在沙灘上打滾的女兒，這個我從來沒有見過的她的模樣，我笑得好開心好開心！因為，這個孩子，跟把拔在一起的時候，除了力量，忽然之間，自由也長了出來。有了新的互動，孩子，就呼喚出了新的樣子。

更親近孩子，也讓孩子更自由——拉筋延展句型

大女兒七歲那一年的年底，我去了趟日本，想說，看著神戶白白的冬天的雪，會不會寫出更心裡的文字。同行一起去日本的朋友，在豐富的行程裡東奔西跑快樂極了。而我，安靜的一天一天，找了神戶有馬溫泉村子裡小小的白色咖啡廳，寫著我的解夢書。就在那家小小咖啡廳裡，收到夫人傳來的黃阿赧的畫作，女兒，正在夢裡思念把拔呢！

孩子的心，單純乾淨。於是，畫的畫，直接到連一個彎都沒有拐。思念把拔，就畫了一張這

樣做著夢的畫，畫裡夢到把拔拉著行李箱，揹著背包，回到家了。夢裡，黃阿赧開心的笑著在門口迎接把拔！

這張小小的畫裡，女兒自己有三個表情。睡著躺著的自己哭哭，上頭寫「我好想爸爸」的表情臉也哭哭，而迎接把拔的那個揮手的女兒笑笑。同時之間，兩個情緒如此平和的並存著。

哭哭的自己，因為想念；笑笑的自己，因為夢到把拔回家了的快樂。沒有哪一個情緒推走了另一個，都在，都是，也都表達。真開心，孩子這樣在生活裡，在思念裡，已經自然的讓不同的內在部分可以並存了❶。

夫人傳來的女兒畫的第二張畫，看起來，是一條思念的蜿蜒步道，往前延伸著……

那次的日本之行，是五天四夜的安排。我星期六出國，星期三回國，所以，畫畫上頭的「六日一二」，是女兒預計自己看不到把拔的四天，星期三沒有畫上去，因為知道那天把拔就回家了。

星期六，紅色，表情還好。

星期日，黑色，難受大哭。

在神戶有馬溫泉的小小白色咖啡廳，收到這張畫的我，瞬間「唉攸～」了出來。整個，沒有保留的，充沛的思念都傳過來了！心疼孩子這樣想念，回到台灣之後，我答應女兒，接下來一段日子，把拔出門的日子，控制在四天之內。答應女兒四天三夜是最多的，短期之內，不再安排五天以上的行程，

心法❶ 並存，是與內在不同情緒不同部分和平共處的方法。

包括工作坊在內。

難受，如果傳達了，又被接收了，**那麼這份難受就不孤單了**。完整的表達，是我長大以後，三十幾歲之後，才學會的。這個孩子，七歲，已經這麼自然的就能做到了。

關於呼喚

能夠有一份感受，能夠透過文字透過畫畫表達出來，又被完整的接收，這時候，孩子的內在管道就自然的暢通了。而有意思的是，女兒對把拔思念的完整表達，是在馬麻的陪伴氛圍下發生的，這讓我想來多說一點點關於呼喚。孩子似乎和誰在一起，常常就被呼喚出某一部分的自己。女兒和馬麻在一起，會被呼喚出溫柔、濃情、情感充沛的那個她；而女兒和把拔在一起，被呼喚出來的，很不一樣，有力量、有自由、有照顧、有歡迎、有控制感。

來看馬麻呼喚出來的這些：溫柔濃情、情感充沛、情緒強烈，有時候強到控制不了。這幾個，其實都是同一塊。說穿了，就是「情濃」。溫馨舒服的時刻，情濃，是甜蜜的空氣；而衝突難受的時刻，情濃，是衝撞的湯底。那個甜甜蜜蜜在懷裡依偎著的小東西，親近的連結讓我們極其眷戀；同時，同一個孩子，那個哭哭停不下來時，哭天搶地的樣子，是要深呼吸好多次才有機會接住一點點呢。這兩個情濃表現出來的模樣，都是她，都是我們的七歲的女兒。

知道這些是被呼喚出來的，就多了一份理解，所以有機會深呼吸一口氣，跟自己說：「這個孩子，跟我在一起的時候，這些部分的密度特別高。」

那女兒跟我一起時，呼喚出來的是什麼呢？力量、自由、照顧、歡迎、有控制感，這幾個聽起來都挺正向的，其實不然。

我訪問過女兒：「黃阿赧，為什麼你和把拔在一起的時候，不容易哭哭停不下來，而且還常常可以想出辦法來？」

「因為把拔比較容易累，所以我要快一點想出辦法來。」

我接著轉頭問那個剛剛在餐桌上跟馬麻大小聲嗆聲的小女兒：「阿毛，為什麼你跟把拔說話的時候，不會像跟馬麻這樣生氣很多很多？」

「因為我跟馬麻比較親近啊！」小傢伙連想都不想就說了。我知道，這是她真心的答案。

原來，因為親近，讓孩子在馬麻的面前，更自然的做自己，更自然的沒有壓抑的表達著情緒呀！我深呼吸接收著孩子給我的真實答案。

這個刹那，我終於懂了。有些時候，我負責照顧兩個孩子一整天，兩個孩子乖乖的玩、乖乖的睡午覺、乖乖的收玩具，到了傍晚，馬麻一回家，我和馬麻一換手，兩個女兒，會瞬間似乎是被按了一個按鈕似的，五分鐘時間不到，這個哭，那個鬧，這個吵，那個嗚咽。

原來，不是因為馬麻不會照顧，原來，不是因為馬麻寵壞了她們，原來，不是因為我的方法比較厲害，**原來，原來，是因為，她們和馬麻比較親近。因為安全，因為舒適，所以，裡頭有的情緒、拉扯的力量，通通都把握機會，傾巢而出，呼喊自由！**

原來是這樣。好。知道了，就來尊敬那一份專屬於母親與孩子之間的親近連結，那一份從餵母乳就開始，從懷胎就已經從臍帶連著的親近連結。

如果拉開了自己的這條筋

消化了這個新的理解的好幾天之後，我跟小女兒說：

「阿毛，把拔要來想辦法，**多和你親近**，把拔每個星期一去接你放學，然後帶你去公園玩球，好嗎？」↓**拉筋延展句型一**

我也跟大女兒說：「黃阿赧，你跟把拔在一起的時候，**如果很想哭哭難受，把拔是OK的喔～**」↓**拉筋延展句型二**

跟大女兒說出這句話的我，內在有兩個部分：一部分的我知道，自己可以自然的呼喚出孩子的力量與情緒控制感；另一部分的我，並沒有要因為這樣而忽略了孩子情緒的表達，同時，我想辦法要再往那個方向多努力一點點，讓孩子也有機會在下一次的互動經驗裡，知道跟把拔在一起的時候，不用刻意的壓抑那個情感澎湃的自己。

這樣的**延展性的對話**，像是**拉筋**似的，**把原本固著在一個邊邊的自己拉筋開展，讓更多的可能呼喚能夠進來**。於是，孩子就更有機會，在我們的面前，更沒有畏懼的活那個真實的自己。於是，孩子真的知道自己在家裡，可以有不同的樣子，可以勇敢、可以脆弱，可以貼心、可以耍賴，可以快樂大笑、可以哀愁落淚，於是，這些真實的種種，可以在這個港灣裡，都存在，都表達。

帶孩子長大，真是一件驕傲不得的事情啊！

拉筋句型小練習

找到自己想要延展拉筋的地方，試試看完成下頭的句型。

拉筋延展句型一：

「＿＿＿＿，我想要多和你＿＿＿＿，我們＿＿＿＿＿＿＿＿，好嗎？」

拉筋延展句型二：

「＿＿＿＿，你跟我在一起的時候，如果＿＿＿＿＿＿＿＿，我是ＯＫ的喔！」

關鍵時刻，給出孩子需要的陪伴——安穩句型

週末，是我很常外出帶工作坊的日子。大女兒六歲時的一個週末，難得我沒有排工作，夫人一早說，聽說有一個生態公園，可以帶孩子踩踩水。好ㄚ！越來越能和兩個女兒一起出遊的我，很開心的說好啊！

那是台中往新社的方向，開車大約二十分鐘，一路上，兩個小妹妹非常認真的和把拔一起合唱昨夜我教她們帶動唱的〈三八阿花吹喇叭！〉。兩個小妹妹得到把拔的真傳，唱起歌來，動作語氣誇張又熱鬧非凡。車上，大女兒問她的妹妹：「阿毛，你覺得我比較搞笑，還是把拔比較搞笑？」

阿毛：「把拔。」

大女兒追問：「你上次不是說我比較搞笑嗎？」

小女兒：「對啊。」

哈哈！我哈哈大笑，開心的是，大女兒這個認真學習、在意細節、有點太聽話的孩子，如今竟然想要認同自己是搞笑的。這麼一來，認真的她，加上搞笑的她，就有了很好的平衡點了。

我有時候會想，孩子，不是不要太怎樣，像是：不要太認真、不要太鬆散、不要太奸詐、不要太為別人著想。而是，有什麼，加上什麼，會很好。像是，有體貼，加上可以為自己的需求發聲；或者像是，有勇敢，加上有一份細心與會注意危險的徵兆；也可能像是，有聰明，加上能單純的接收愛。

當貼心、認真、聽話的大女兒，竟然邀請越來越多的搞笑幽默上身，這個屬於她獨特的生命神祕配方的搭配組合，讓當把拔的我更放心了。

當孩子想要冒險時

到了生態公園，小女兒喜歡上了一隻白色的真的活的鴨子，就在池邊摸鴨子。大女兒拉著把拔的手走來走去，到處看到處找好玩的地方。幾分鐘以後，她發現了一個水道，水道的高度要彎腰才進得去，上頭是一座挺寬的橋，水道是黑暗的，整個水道不短，粗估大約有十五公尺。

小女孩拉著我的手，駐足在陰暗的水道前，水道口有蜘蛛、蜘蛛網，水道裡頭暗暗的，不知道有什麼。水道裡，腰一伸直，頭就會撞到上面的牆頂，我彎腰看看，牆頂的小蜘蛛還不少……

小女孩駐足許久，我心裡想：「這個不太冒險的女兒，是不是今天想冒險呀!?」哎呀！這下子可好玩了。

我沒有說話，就只是拉著女兒的手，站在水道口大約有三分鐘之久。我用水，輕輕潑蜘蛛網，蜘蛛迅速的一隻一隻從入口移走，小女孩從岸邊剝下了一段植物藤蔓，也自己動手，撥掉一些殘留的蜘蛛絲。這孩子，好像準備好了要走進去了耶，當把拔的，又期待，又有點擔心。

水道的盡頭，透進來一點光，似乎，沒有很明顯的危險存在，我心裡想，讓這個孩子試試看探險吧！小女孩彎下腰，決定了。

她，就這樣勇敢的走進了洞口。我深呼吸一口氣，拿起手機，拍起了影片，打算為孩子留下紀錄。

她蹲著身子，在有點滑的石頭與水流間往前慢慢移動，這孩子，有小心，也有前進的力量，一步一步，我都聽得到我自己的緊張的呼吸聲音，我在洞口，卻好像在裡頭一樣。

我沒有停止的，鼓勵著她：「黃阿赧加油，你移動身體移動得很好喔！」

走到一半，女兒從洞裡傳來哭聲。女兒求救的，回頭看著我，她的聲音說著：「有好多尖尖的東西，會動，我怕……嗚嗚嗚嗚……」哎呀，是好多好多的小田螺，像是我們小時候吃的燒酒螺那種，在陰暗的水道裡，繁殖得很好，一顆石頭上，大概就有十幾二十隻，踩上去，會尖尖刺刺的，還會動。小女孩怕了起來，一下子，害怕的心，超過了想冒險的勇敢。

小女孩哭哭，回頭看著把拔。

我心疼了，我說：「來，先轉頭，慢慢回來，下次我們穿鞋子再來走過去。」

女兒，轉頭，移動著身體，伴隨著眼淚哭聲，從洞裡沒有阻礙的傳到我的心裡。女兒回頭向洞口這裡的我移動的同時，有一個剎那，她轉頭去看原本想勇敢挑戰走去的出口那裡傳來的光線。

那一個剎那，我看懂了，我沒有要放過這個剎那。

我猜，這個孩子，害怕的同時，不想就這樣放棄想探險的心，所以回頭看了一眼出口的光線，不想就這樣離開自己當初走入洞口時的決定與勇氣。我讀懂了那個剎那的回首，於是，我說：

「黃阿椒，你是不是還想試試看？」

女兒，哭著，卻說：「對。」

於是，我關掉原本在錄影著的手機，然後敏捷的鑽進那個原本我以為我鑽不進去的洞口。我快速的移動身體，來到女兒的身旁，和她一起看著水底石頭上滿滿的尖尖的小田螺，我說：

「黃阿赧，害怕沒關係，把拔在這裡。」→安穩句型

「黃阿赧，來，把拔教你，輕輕的撥，就可以把小田螺撥走，你看……」

女兒的眼淚還掛在臉上，就已經開始動手跟著把拔一起做了。

「ㄟ！真的ㄟ！」

「黃阿赧，把拔跟你說，害怕沒關係，把拔陪你。

「把拔跟你說，人生不會永遠都順利，有時候就會像這樣，要把擋在前頭的這些那些擋住的東西推開，撥開，然後再試試看。

「把拔跟你說，你以後去讀大學，如果心情不好，不用自己一個人哭哭喔，可以打電話給把拔喔，把拔會像現在這樣，陪你喔！把拔大學的時候，考試考不好，都一個人在浴室哭……你到時候可以打電話給把拔喔。」

小女孩點點頭，繼續撥著前進道路上的那些原本的阻礙……

我們就這樣，肩並肩，低著彎著身子，一步一步的，迎向出口的光芒……

三分鐘以後，黃阿赧小妹妹，就又自己進了洞口，自己走過剛剛把拔陪著她的那段路程。但是，這次，她從頭到尾，自己在黑暗的水道裡前進，用自己的手，撥開，前行，然後自己迎向出口的陽光。

這一天，我有真的當到把拔；這一天，我有陪到女兒的勇敢，我有陪到女兒的害怕，我有陪到女兒的不想放棄；這一天，還好，我沒有白活。

安穩句型小練習

找到想要陪伴孩子面對緊張害怕的地方，試試看完成下頭的句型。

安穩句型一：

「＿＿＿＿，我跟你說，害怕沒關係，我陪著你。」

安穩句型二：

「＿＿＿＿，我以前＿＿＿＿的時候，有一次＿＿＿＿，也有過這樣的心情。」

當考卷來到了孩子的世界裡

那時，小學一年級的大女兒，正迎接著人生第一次期末考，考國語，和數學。說實在的，我真的不知道要用什麼樣的心情和語言，來面對孩子的考試。我會做的、能做的，只是忍住原本所有的反應。

從小，考滿分是被期待的、被鼓勵的、被獎勵的。考試前用心準備，考試時絞盡腦汁，考完後期待發考卷，回家期待被獎賞，那是我成長的記憶啊！

國小國中高中，我都會在發考卷時，偷偷瞄隔壁的同學考的分數比我高還是比我低。就這樣，自動化的進入比賽的世界。四十五歲的我，回首自己的長大學習歷程，捏了一大把冷汗。如果有一天，眼光不看分數，那要看哪裡？我還真的一下子找不到答案呢！

好，找不到答案，那我唯一能做的，就是不回去習慣的那條路。然後看看，有什麼會發生！

孩子人生的第一張考卷發下來時

那個中午，我去國小圍牆邊的家長等候區接女兒。小女孩一如往常，開心的遠遠跟我揮手，我蹲下來，抱女兒。

「把拔～我國語考九十九分喔，可是我數學考很爛，八十二分。」

「這樣喔～」（呵呵，我不知道要怎麼回應，只好說：這樣喔～）

「對啊，不知道九十九分老師會不會給我獎狀？馬麻說，只要我有用心準備考試，寫考卷時有自己檢查看看，馬麻就會自己做一張獎狀給我喔。」

呵呵，夫人的智慧明顯的走在我的很前面，「用心準備」是夫人想要孩子擁有的眼光。

剎那間，我突然知道我的眼光要在哪裡了！

孩子，會喜歡什麼、會享受什麼，會在哪個海洋、哪塊陸地、哪片天空，最自然流動的活出她想要的模樣！我想要讓我的眼光，望向這裡。

孩子，能覺察自己，能表達自己，能快樂，能大聲的捍衛自己，能溫柔的對身旁心愛的人！我想要我的眼光，望向這裡。那，成績，分數，就真的只是幫助孩子順暢往前走的一部分了。不是全部，只是部分，只是很多人強調的部分。思考著，感覺著，忽然之間，當把拔的我，眼光，開始知道往哪裡擺了。

知道，只是一開始，孩子帶著考卷回到家，故事正要展開……

回到家，夫人看著女兒八十二分的數學考卷，聽著女兒說：「我數學沒有檢查，我不想檢查。」

突如其來的，夫人一份失望湧上來。她是用心的教著大女兒，要用心準備，認真寫考卷檢查考卷的。當然，這時候失望很大。

女兒，挨到我身子旁，因為母親的失望其實不小，敏感的女兒，害怕了起來。她挨在我身子旁，開始哭泣。我抱著女兒，說：「黃阿赧，你自己考八十二分，是不是也有挫折？平常把拔看你寫數學題目，都是一下子就完成，你是不是自己也沒有想到會考這樣？」

六歲的女兒，從小聲的哭泣，一下子大聲哭了起來，在大大的空間裡迴盪著。

我看著夫人，懷裡抱著女兒，繼續說：「黃阿赧，把拔看你難過，把拔也心疼。

我猜，馬麻是很希望你學會用心準備，然後認真考試，細心檢查，把你會的，寫出來。」

女兒，依偎在我懷裡，有一份安全，也有一份失落。

幼稚園裡三年多沒有壓力的學習，怎麼一瞬間，當國小考試來臨的時候，世界就變了。我想像孩子這麼小，而這麼大的變化，大人們又那麼理所當然，孩子的心，可是不知道怎麼適應的呀。

我看著夫人，說：「這個孩子，七月生，是全班年紀最小的，雖然身高是最高的。」唉，心疼湧上心頭。

我跟女兒說：「黃阿桜，偶爾錯一題兩題，沒有關係，只要記得有用心準備，好好檢查，錯一題兩題是沒有關係的。你是很好很好的孩子，你很貼心，你很能愛把拔馬麻，你是很好很好的孩子，知道嗎？」

女兒在我懷裡，點點頭，眼睛看著把拔，她問著：「把拔，你小時候考試也會有錯的嗎？」

我抱著女兒，想起了小時候的自己……

「黃阿桜，把拔跟你說，把拔小時候，常常都考滿分，很少很少會有錯的。把拔總是很小心很小心，做了很多練習，然後一次一次拚命的檢查，然後要很確定沒有任何一題是錯的，然後把拔其實沒有希望你這麼小心翼翼，這樣太緊張太辛苦了……」（說到這裡，眼鏡上都是霧，我的淚水止不住的，一顆一顆的掉落在女兒的衣服上頭。）

一邊掉著眼淚，我笨拙的又說一次：「把拔跟你說，錯一題兩題沒關係，在把拔的心裡，你是很好很好的孩子。」

我的父親母親，都是老師，他們的人生，一大半都是靠考試高分而成就的。他們拚了命在很辛苦的環境裡，努力讀書，努力考試，才能考上師範學校，後來才能當上老師。在他們的生命裡，考試，分數，是很大很大的視線的焦點。他們這樣教我長大，讓我一路平順的念了不錯的學校，對於我的人生，對於我能力的培養，有很大的幫助。

所以，我真心不是怪著誰。我只是，突然，心疼了起來，六歲七歲八歲九歲十歲十一歲十二歲十三歲十四歲十五歲十六歲十七歲，還有十八歲的自己。那個小心翼翼每個細節，深怕一不小心在某科考卷上頭被扣了一分兩分的小男孩。

突然，那麼多年記得的自己都一起心疼了起來，所以，淚水止不住的掉落，滴在躺在我懷裡的六歲女兒的衣服上。女兒亮亮的眼睛，用腰撐起了身子，抬頭，熱熱的吻了我的臉頰。

我很觸動，我說：「黃阿稫，謝謝你愛把拔。把拔跟你說，這是你人生的第一次期末考，你接下來的人生，還會有好多好多的考試，把拔希望你把重要的東西學起來，但是不用像把拔一樣每次都要考滿分，偶爾錯一兩題沒有關係，知道嗎？在把拔心裡，你是很好很好的孩子。」

笨拙的我，其實，找不到語言。

笨拙的我，腦海裡自動化的語言，都是和考試很重要、分數很關鍵有關；自動化的文字語言，都是拿來鼓勵孩子更小心，更拚命，更表現傑出完美的。而笨拙如此的我，當著笨拙的把拔，就只能忍住，不說那些自動化的聲音。

當考卷又發下來的時候……

一轉眼，考卷進到孩子的世界裡，已經來到第二年了。

那一天晚餐時間，我剛從外地帶完工作坊回到家裡，兩個女兒，極其眷戀的，窩在我身上。我左腿上坐著大女兒，右腿上掛著小女兒，她們兩個你一句我一句的，迫不及待的跟我說著這幾天她們發生的事情。

剛過的星期四，發考卷。大女兒小學二年級，月考，已經是她生活中熟悉的步調之一了。已經來到了第二年，我卻依然不太知道怎麼面對女兒考試、發考卷、考幾分……

我隱隱的覺得，成長過程裡我自己實在是太重視分數了。當學生的時候，每回發考卷，我總會一拿到先看分數，然後看自己到底錯了哪裡。我依稀記得國小中高年級時，要考五六科的那個年級，只要有一科沒有滿分一百分，我就會覺得自己不夠好，還要更進步……這樣的長大，嚴格的自我要求，心理健康上是很辛苦的。我隱隱的覺得，如果我的孩子，不像爸爸那麼看重分數，會不會，自由快樂多一些？

所以，星期四這天中午放學，大女兒一看到把拔，就窩到我胳肢窩裡，說：「把拔，我國語考九十七，數學考九十五。」

依然不知道怎麼回答的我，還是像去年一樣，說：「這樣喔～」

走了幾步，又多加了一句：「你喜歡這個分數嗎？」

小女孩倒是沒有問題回答這個問句，她說：「嗯，我想要兩科都九十七分。」

這孩子，也不知道怎麼學的，就這樣自己說了自我要求進步的話語。我心裡一方面因為孩子有想努力而放心，另一方面，也擔心著，這樣的自我要求，會不會阻擋了孩子快樂豐富的可能。

傍晚，飯桌上，大女兒拿著她的兩科考卷對著她的把拔和馬麻，輕鬆好玩的口氣問著：「誰要看國語？誰要看數學？」

呵呵，我轉頭跟夫人說：「這孩子可以這樣的心情問我們誰要看考卷，真好！」

我舉手：「我要。」

還沒有說完，女兒就已經把國語考卷拿給了我。我一拿到考卷，跟自己小時候一樣，不自覺的，先看分數，然後就快速的要找哪一題錯，錯在哪裡。

忽然，我深呼吸上來，我聽到自己心裡的聲音：「ㄟㄟㄟ，一定要這樣嗎？」深呼吸又來一次。我決定，打斷，我原本的習慣。這樣，我的孩子才有機會學會新的視野看人生，看自己。

我跟自己說，來試點新的，好嗎？

我的眼睛，沒有往下找那個紅筆打叉扣分的所在，我的眼睛，停在最上面的第一個打勾得分處。

我瞬間微笑了。

我看著第一題，開朗的聲音說：「黃阿赧！你已經會寫『鬼』這個字了喔？好棒喔！把拔小時候寫鬼這個字，都會怕怕發抖耶，那個彎彎的地方很難寫。」

女兒微微笑。我猜，把拔的反應，跟好多她身邊的人都不太一樣。而從小，女兒就知道，把拔常常都不太一樣，同時，這個不一樣，也正一天一天的，成為小女孩看自己的不一樣。

我繼續往下看，看到了填空題：

「『　』是個『　』，最愛『　』。」（『』裡面是要小朋友填入答案的。）

小女孩的考卷裡，是這樣答對的（見下圖）。

哈哈，看到這一題「打勾得分

（　），怎麼會有（　）的（　）？

3.（天空）是個（畫家），最愛（畫畫）。

（　）是個（　），最愛（　）。

八、造句（6分）

處」，我哈哈大笑，開心的說：「黃阿赧，你好聰明喔，你知道這樣考試真厲害，因為你前面有魔術，後面也有魔術，你只要確定會寫魔術這兩個字的注音，對的可能性就很高呢！」

女兒露出笑容，她可能開心著，把拔和她一起慶賀。女兒窩到我身旁，在一連串的「哇～黃阿赧，你已經會寫這個字了喔～」之後，我才讓自己，問問女兒，那個被扣了三分的紅筆打叉處，是怎麼被扣分的。

眼睛一定要停在紅筆打叉扣分處嗎？

我想，我心裡頭想要的是，當孩子十五歲了，二十一歲了，回家時，會像她七歲這年一樣，繼續問我們：「誰要看我的考卷？」就像她回家時，說「把拔，我今天班會時有舉手說了一段很有感覺的話」一樣的心情。

想要孩子可以，自然的，分享著自己生命種種的心情。考卷，只是生活的一部分，而不是鋪天蓋地的全部。

於是，會不會，分數，真的只是人生的一小部分；會不會，豐富與精彩，不被所謂的成績表現給壓制給侷限；會不會，憂鬱的天空，只有短短的季節隨著楓葉出現就好；會不會，歌唱的時節，可以從山林裡的冬夜延續到夏天海邊的清晨。

我很高興，這個傍晚，我忍住了我自己自動化的內在運作。我很高興我的眼睛，沒有往下找那個「紅筆打叉扣分處」，我很高興我的眼睛，停在第一個第二個第三個「打勾得分處」。於是，說不定，我的女兒，人生，就比她的把拔，快樂自由多很多。

我有時候會想，這幾年，我唯一有的小小的進步，說不定就是，我開始少看了自己的「紅筆打叉扣分處」，然後，真的多看看，生命中其實是很不容易才有的「打勾得分處」。

親愛的老天爺，請您看顧年幼的孩子們，讓她們，有快樂，有挫折；讓他們，有力量，有辛苦；讓她們，有平安，有想像。

親愛的孩子，你將會長成什麼樣子？你將會擁有什麼樣的朋友？

把拔，給你好多好多的祝福。

生命的階梯，一級又一級，生命的高山，一座又一座，擁有一些，就很好，不要，擁抱太多。

擁有一些，就很好，不要，擁有太多。

孩子，就這樣悄悄的學會了

這樣的女兒，這樣鼓勵我……

大女兒快八歲的某一個星期六，夫人去帶工作坊，所以啊，我要負責照顧兩個小妞妞一整天。前一天，也就是星期五的晚上，睡前，小女兒在床上滾來滾去的時候，還甜甜的說：「好期待明天喔，明天把拔要照顧我們。」兩個小妹妹想像著上跳舞課時，從來沒有把拔在透明落地窗後頭看著她們翩翩起舞，有一份很特別的期待。

只是，有一陣子忙著熟練順暢寫書的我，帶孩子就生疏了。

早晨，帶著兩個加起來十二歲的孩子去市場裡的包子店吃豆沙包、白花捲，喝豆漿，我人生第一次知道白花捲就是沒有蔥花的花捲。兩個小妹妹都知道自己愛吃什麼，也都吃得津津有味，大女兒黃阿赧還分享了她說她有點吃不下的白花捲給沒吃過的把拔吃。離開前，小女兒阿毛說還要吃一個花捲，我說好啊，然後就多外帶了一個白花捲。這個流程之外的發生，就點起了爭執的火種……

「阿毛，給姊姊吃一些好不好？」大女兒嘴饞了起來，忍不住開始這樣請求。

「不要，這是我的。」霸氣的小妹妹，知道這是把拔買給她的。

「阿毛，給姊姊一些嘛！你的白花捲那麼大個。」把拔加入角力戰場。

接下來，是挺熟悉的爭吵流程了：阿毛只肯給姊姊一小小口，姊姊覺得阿毛太小氣，把拔說阿毛給姊姊多一點嘛，然後，阿毛委屈的剝了大塊一點給了姊姊，然後姊姊一口吃下，接下來，阿毛委屈滿溢淚灑街頭。

原本興致很高要帶給兩個小女孩快樂的一天的我，這個帶孩子已經生疏了的把拔，瞬間一把火上來。轟轟轟，烈火燃燒，控制感如風沙般忽然飄散。我氣，我氣給了那麼多選擇，給了那麼大的空間，這兩個臭小子，還是要在一早這個一天美好的起點，這樣吵，這樣哭，這樣僵持不下。我氣，我氣教了這麼多年，這兩個臭小子，還是沒有學會想辦法……所以，氣很大，氣很大。

很大的氣像是冰凍的風，瞬間凝固了原本流動的情。

這一整天，因為類似的像前面的爭吵橋段，我竟然發了兩次脾氣。到了晚上，夫人回來了，全家一起吃晚餐的時候，我懊惱著，嘆著氣跟夫人說：

「哎，我今天發了兩次脾氣，我有點責怪自己，做得不夠好，想要下一次可以再進步一點，再做好一點……」

大女兒聽到了把拔正在跟馬麻說的話，在一旁的她，忽然對著我說：「**把拔，你生氣然後都沒有怪我們，都還要讓自己做得更好一點，你好棒喔！**」

我聽了女兒的真心話語，差一點哭出來了。

「**我覺得你真的好努力喔！**」女兒看著我的眼睛，又補上一句。

「這樣喔……」我感動的接收著。

這樣的女兒，在這樣的一天兩次脾氣之後，這樣鼓勵著當把拔的我。因為這一句孩子真誠的鼓勵，這一天就過了這一關。我也第一次感受到，原來，一句這樣簡單直接的鼓勵話語，可以重寫一整天的挫折和自責。

我想啊，會不會是因為在她的成長歷程裡，在挫折的時候，我有這樣陪著她、看著她的眼睛鼓勵著她，所以這一天，她學會這樣大大的毫無保留的鼓勵了把拔；然後，說不定啊，有一天，她也會在雷電交加、烏雲蓋天的日子，這樣鼓勵了她自己。女兒的鼓勵話語，讓我想起了她更小的時候，也有幾次讓我驚豔的話語。來看看這三個好多年前寫下來的小故事。

小故事一：「你覺得不好聽喔，姊姊覺得很好聽ㄟ！」

那一年的冬天，四歲的大女兒和兩歲的小女兒，這兩個姊妹，正式進入「可以一起玩耍或吵架」的階段。

每天早晨，一個人睡嬰兒床的小女兒，大約七點左右，被太陽照醒，就會一個人在嬰兒床上叫：「把拔……馬麻……解傑……」

有時候很想偷懶的我們，沒有在第一時間就去抱她，因為身體與心理都不受控制的兩歲小孩，只要一旦被抱出了有高高閘門規範了的嬰兒床，就挺麻煩。所以，你可以想像小小的小妹妹在嬰兒床不怎麼帶著希望又有點哀怨的叫著「把拔……馬麻……解傑……」，這樣斷斷續續的叫著，而客廳外的把拔電腦開機聲，姊姊喝水聲，讓小妹妹知道越來越有機會了。於是，「把拔！……馬麻！……解傑！……」的聲音越來越響亮！

這一天，大約八點多一點點，大女兒打開妹妹房間的門，進去了。小姊姊拿著夫人前一天說的繪本《哼！我好氣！》，有模有樣的，大聲的朗讀著繪本，看著圖，模仿馬麻前一天的語氣，活靈活現的講著繪本給妹妹聽。我和夫人充滿興味的，偷偷在門外聽著（因為一旦被小妹妹的眼睛瞄見了把拔或馬麻，就只好去抱她出關了）。

大女兒非常賣力的說著繪本，一整本繪本完整的被演完了，小姊姊抬頭跟妹妹說：「阿毛，很好聽對不對？」

正處於叛逆首發期的二歲阿毛，竟然歪著頭帥氣的說：「不好聽。」門外的把拔和馬麻，因為小妹妹的機車回應，為小姊姊捏了一把冷汗。

可愛的小姊姊，竟然氣定神閒的這麼說：

「你覺得不好聽喔？可是姊姊覺得很好聽耶！」

哈哈哈哈！門外的把拔開懷大笑，開心的笑到眼淚都流出來了！果然是哈克生的，如假包換！

四歲的小姊姊，沒有因為妹妹的否定而挫折，真是太好了。來，我們倒帶一下，解析也回味一下這段美好的經典對話。

A　小姊姊抬頭跟妹妹說：「阿毛，很好聽對不對？」

B　小妹妹說：「不好聽。」

C　小姊姊：「你覺得不好聽喔？可是姊姊覺得很好聽耶！」

D　門外的把拔開懷大笑，哈哈哈哈！

A　**「阿毛，很好聽對不對？」**

大女兒這一句，真是得到把拔的真傳，厲害厲害。黃阿赦不是給了一個進入評價系統的問句，像是：「阿毛，你覺得好聽嗎？」而是先假設「很好聽」，然後才問：「對不對？」這個孩子，可能因為有喜歡自己，所以能擁有這樣的好假設！

B　**小妹妹：「不好聽。」**

毛毛這一句也挺直接表達，只是有點機車就是了。

C　**小姊姊：「你覺得不好聽喔？可是姊姊覺得很好聽耶！」**

這一句最經典，不受回饋者的負向說法影響，但是，**仍舊不忘回應對方：「你覺得不好聽喔？」**這個回應很珍貴，因為通常我們收到負向回饋時，容易就開始忙著難過起來，跑到自己的悲慘世界裡了，哪有力氣仍然能夠回應對方。

接下來這句，力量十足：「可是姊姊覺得很好聽耶！」「可是」用得正是時候。什麼時候用「可是」呢？就是這個時候用。當別人可能忘了帶著善意回應你的時刻，正是好好的用這個精彩的發語詞「可是」的重要時機。「可是姊姊覺得很好聽耶！」直接用姊姊來稱呼自己，兩隻腳站得穩穩的，自己讚嘆自己，享受自己剛剛用心的好好的講了繪本給妹妹聽。

D　門外的把拔開懷大笑，哈哈哈哈！

這個開懷大笑，是非常有力量的 Positive Sponsor（正向的贊助者），也就是這本書的前頭有提到的那種很純粹的太陽能量。用開懷大笑，來讓孩子知道，把拔超級欣賞她這麼說、這麼做。於是，這個孩子，會更有支持力的做這樣的自己。

生命的春夏秋冬，總有機會遇到有人忘了帶著善意回應，這個時候，剛剛這個讚嘆自己的經典句型，說不定挺好用喔！

我有時候會想，當爸爸媽媽的常常忙著想：「我可以怎麼教我的孩子，讓他可以……」如果，我們有些時候放下這些想法，靜下心來真的聽見孩子可愛又真實的樣子，然後停下來讚嘆、喜歡、哈哈大笑、開心擁抱，這時候，我們不只有機會讓孩子完整的知道剛剛發生的是一種美麗，同時，我們還可以跟孩子偷學一點我們本來不會的呢！

小故事二：「阿毛，我知道你很想玩貓砂……」

有了兩個女兒之後，夫人常常要我少罵髒話，怕女兒學了不好，我也真的很不自然但挺努力的收斂了不少。其實，我也不是很擔心，因為我總覺得，女兒從我們身上學到的好東西，很有可能會比髒東西多很多。

有一天，大女兒只有三歲的時候，發生了一件事，證明了我的相信。

那一天的場景是這樣的：小女兒、大女兒、夫人一起在洗衣間，夫人正在曬衣服，大女兒黃阿赧在一旁當小幫手，還有一隻我們家的貓咪在一旁閒晃。我們家的貓咪有一個逗趣的客家話名字，叫做「肚士遙」，意思是肚子餓。

那個幾天前才剛學會爬的小女兒，已經動作非常迅速。忽然，迅雷不及掩耳的，小女兒黃毛毛瞬間爬到肚士遙的貓砂盆旁邊，眼看白嫩嫩的小手就要抓到貓砂了，夫人手裡拿著衣服來不及阻止，突然，小姊姊一個箭步，抱住了妹妹，然後這麼說：

「阿毛！我知道你很想玩貓砂，可是，貓砂有肚士遙的大便，有很多細菌喔，不可以摸。」

哎呀！這麼小，才三歲，就會這麼美好的句型耶。哈克身為本土心理學家，趕緊來用一點點專業，拆解一下小姊姊的上面這段話語吧！

「阿毛」→直接稱呼對方，有親近感。

「我知道你很想玩貓砂」→真是高級又精確的同理心。

「可是，貓砂有肚士遙的大便」→客觀事實陳述。

「有很多細菌喔」→科學知識豐富。

「不可以摸」→清晰指示，可依照指示直接行動。

這樣的語句，真是出乎我們的意料之外。我猜，每回責罵或阻擋孩子危險行為之前，我們總是盡可能的，先同理孩子，然後再教導。這份長時間的用心和努力，看見孩子不知不覺中也學會了，真的有一份很大的喜悅。

小故事三：「把拔為什麼打球打這麼久？」

貓砂事件之後的三五天，有一個星期五的傍晚，當把拔的我，難得抽空可以去打網球。五點十分出門，七點十分回到家，夫人跟我說，我還沒有回來之前，她看我出門打球這麼久還沒有回來，跟大女兒有這麼一段聊天的橋段……

夫人：「把拔怎麼去打球打這麼久啊？」

三歲的大女兒：「**可能是把拔的朋友很喜歡和把拔一起玩吧！**」

呵呵，好棒的語法呀！三歲的孩子，帶著對爸爸正向的情感，猜測發生的，是美好的事。聽了，真的好舒服。

就這樣，在生活裡，孩子一天一天長大，不知不覺中，可能也學著這整本書裡把拔說話的模樣、言語後頭的願意。然後，說不定，這些表面上充滿鬼點子，但其實裡頭單純而美好的心意，會像是隨風飄著的種子，輕輕悄悄的，落在她們生命的某個未來。

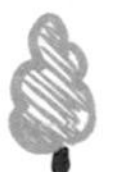

Part 5

許願本——與孩子的美麗約定

「什麼多一點，什麼少一點？」——許願本緣起

那天，在春雨中，礁溪我熟悉的露天溫泉裡，遍尋不著我安靜的那個角落。我喜歡從那個角度，看著遠方的山與霧靄，我習慣接觸著扎實夠硬的岩石，凝視遠方，然後想想自己的生命，最近這一段，有沒有新的可能。

我總是爬上那顆讓我安靜的岩石，雙手環繞膝蓋坐著，礁溪帶著一點點涼意的風吹來，那暖暖的溫泉泡過的身子，會好安靜好安靜。這樣的安靜，在多次的造訪之後，讓這顆岩石，成為我的安靜心錨。

可是，那一天的夜裡，在歡笑與淚水交織的解夢工作坊之後，我離開台北，搭著接駁車經過雪山隧道，我又來到這個溫泉池，只是，遍尋不著這個我最能夠安靜下來的岩石角落，因為岩石旁的茉莉花，在春雨裡正恣意的伸展著最遠的枝葉，因為長得茂盛，蓋住了那個我安靜的角落。

我想，就找另一個角落吧！

泡泡溫泉，我找了另一個角落窩著，想要感受夜色，唉，沒有安靜的感覺。我看著茂盛的茉莉花枝葉，在那個只有我一個人的夜裡，大大的溫泉池畔，我做起了一件很好笑的事。因為不願意傷害任何一枝茉莉花春天的枝芽，所以，我開始一根一根的，幫她們彎過去，高起來，低下去，讓她們去和別的兄弟姊妹靠在一起。十分鐘過去了，我開始看見我的安靜角落復活了，空出來了。

我笑了。

爬上岩石，雙手環繞著我的雙膝，安靜，不知怎麼的，瞬間就來了。

身旁的枝枝葉葉，這樣撥開；

生命的枝枝葉葉，這樣梳理；

枝枝葉葉，逐漸撥開，慢慢梳理。

於是，環境裡生命裡的枝枝葉葉，依然在身旁。同時，因為慢下來梳理了，安靜，整個都回來了。遠山，霧靄，沁涼，都回來了。

於是，這個夜晚，在大大的岩石上，我問自己：「最近的生命裡，如果要少點什麼，會是什麼呢……」

心裡浮現清晰的答案：訓練工作坊的帶領場次，還是太多了，要減少。

好。答應了潛意識。

接著靜靜的問下一個問題：「那空出來的時間，要讓什麼多一點？」

心裡清晰的答案瞬間上來：要多和孩子一起。

好。答應了潛意識。

安靜的夜裡，我摘下眼鏡，放在岩石旁邊，讓直覺世界更完整。我請潛意識透露給我訊息，關於多和孩子一起，可以怎麼發生？哈哈，十分鐘後，潛意識給了我一個活跳跳的訊息：「許願本」。

呵呵，真是太有意思了！我要去買兩本許願本，一本給大女兒，一本給小女兒。然後，她們可以拿筆，想到的時候，就拿起屬於她們的許願本，寫下她們希望把拔和她們一起完成的事，或想要的願望。

閉著眼睛的我，看得到那個畫面，大女兒拿著鉛筆，在「黃阿赧的把拔許願本」裡寫下她的願望。我也看得到另一個畫面，大女兒拿著鉛筆，溫柔的問她的妹妹：「阿毛，你有沒有想要什麼或者想要把拔跟你一起做什麼？姊姊幫你寫在你的許願本喔！」

然後，說不定可以，一天一天，當一個更真的在家的把拔。我期許著自己，出門工作，就全然的投入，而回家，就真的回了家。把拔的許願本，會是個很有意思的開始呢！

如果動手做，正好是自己的強項

從礁溪回到家裡之後，真的開始了許願本計畫。我跟孩子說好了，在許願本裡寫下想要把拔為她們做的事，或想和把拔一起完成的事，而這些事，是那些沒有辦法用錢買到的。說白一點就是，先說好排除要把拔帶她們去便利商店買巧克力之類的事情。很有意思的是，兩個孩子，在接下來前前後後兩年的時間，許下的願望，都是要把拔動手做出為她們量身訂做的木工作品。

動手做，在我們的文化環境裡，其實正好是不少爸爸的強項！有些把拔可能和我一樣，實在是沒有足夠的耐心可以幫忙很多充滿細節的家事，像是折衣服、曬衣服、收拾餐桌……可是，卻有能力動手做，像是可以為家裡換燈泡、清理颱風侵襲過的陽台汙泥、和孩子一起奔跑流汗玩遊戲。換句話說，**動手做，很可能是不少爸爸本能上就可以勝任的家庭任務**。

我從孩子很小的時候，就盡量不買玩具給孩子，一方面因為大部分的玩具都是塑膠的，想著要對地球好一些，所以想說塑膠的東西少買一些。於是，孩子從小的玩具，有兩個來源，一是孩子自己動手創作的，另一個就是把拔親手做給她們的。

木工，只是動手做的一種。

家裡如果有紙箱，切下來就會有一塊一塊不同大小的厚紙板，可以和孩子一起完成不少立體玩具。

如果是熱愛大自然的朋友，動手搭起露營時其實沒有很好搭的帳篷，也是一種爸爸們很珍貴的動手做。

如果喜歡動身體，陪著孩子從裝輔助輪的腳踏車，一直進階到可以自由移動的兩輪自行車，也是陪孩子健康長大好美麗的一種廣義的動手做。

我猜，不少爸爸跟我一樣，沒有辦法長時間在家裡陪孩子度過漫長的週末，卻有很本能的能力可以在大自然裡，陪著孩子溯溪，爬山。這些動身體的活動，因為不瑣碎，有不少爸爸做起來反而得心應手。

所以，下頭的手作木工，是爸爸動手做的一種例子，每個想要愛孩子的爸爸，**可以根據自己的喜愛、本來就擁有的能力，讓許願本有個屬於把拔和孩子獨特的開花結果的方向。**

許願本之一：手作木工存錢筒

從礁溪回到家，跟兩個女兒說明了許願本的念頭之後，大女兒行動力超強，馬上，那個週末，在勤美誠品為自己親手挑選了這本可愛的許願本！

實體許願本❶到手的大女兒，沒有廢話的馬上寫下第一個願望，希望把拔用木工，做一個存錢筒給她。七歲的小女孩，特別口頭叮嚀把拔，是要用木工喔，不是用寶特瓶做喔！

所以，要開始囉！孩子下訂單了呢，來動手囉！

於是，星期日的晚上，趁孩子還沒有回到家，我一個人穿著短褲，在

洗衣間裡揮汗做木工，想說，給回家時的孩子一個驚喜。我常用的手作木工的工具很簡單，一把手工鋸子、一個電鑽、四個固定夾、一把螺絲起子，還有砂紙，就這樣而已。少少的工具，卻有機會擁有美好的創作。

女兒想要一個木作存錢筒，嗯，我心裡想著，存錢筒要有一個洞，才可以投錢，還要有一個裝置，可以存夠錢時，把錢拿出來。我坐在小凳子上，拿著木工工具，想來想去，試來試去，呵呵，做出了一個小作品。

這個作品，沒有用到電動工具，只需要最簡單的鋸子、固定夾，和美術社就可以買到的入門雕刻刀就可以完成囉！

時間倒帶一下，這個小作品做到一半

心法❶ 對孩子來說，只是口頭上許願，跟寫在一個真的本子上，似乎是兩件事。口頭說說，轉眼就過去了；寫下來，又是寫在一本自己挑選的喜歡的本子上，有一種是否真的看重的差別。同時，當孩子長大了，回頭來看這本許願本裡孩子生嫩的字跡，我猜想，會有一種珍貴的溫馨感，和一份「還好沒有錯過這一段歲月」的放心感。

時，當屋頂還沒有蓋上去、投錢孔也還沒有用雕刻刀挖好時，兩個小傢伙就已經回到家了。大女兒在洗衣間找到了把拔，興奮的發現把拔正在做她許願的存錢筒，一整個高興！

小女孩在我旁邊繞來繞去又問來問去：

「把拔，這是什麼!?

「哇！馬麻你看，把拔真的在做我的存錢筒耶！好棒喔！」

突然，小女孩消失了一分鐘，一分鐘後回來了，我問：「黃阿赧，你剛剛去哪裡？」

「我去許願本打勾呀！」

「可是把拔還沒有做好ㄟ！」

「我打勾了，還寫上日期了。」

哎呀，那個剎那，是當把拔的我最感動

常用的手作木工工具

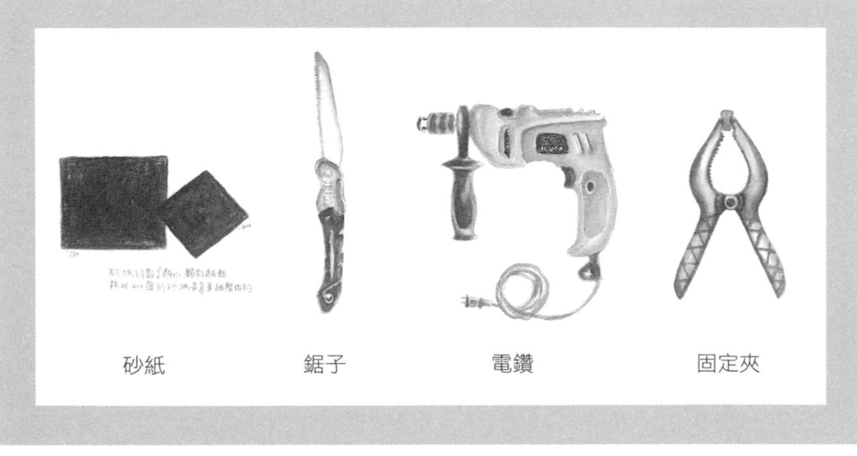

的時刻。七歲的女兒，對把拔如此寬厚，把拔只是動手開始做了，存錢筒的樣子才初初成形，在女兒的心裡，這個許願竟然是已經完成，可以打勾了。

這個孩子，不求東西的完美，如此完完整整的收到把拔的心意。我拿著雕刻刀，在小小的凳子上，卻感覺天地真是寬廣！這個孩子，我猜，會這樣寬厚的看自己，看妹妹，看把拔，看馬麻，看朋友……

那，就太好了。

許願本，表面上給了一個可能性，讓孩子可以在心裡頭醞釀著：「我想要把拔幫我做什麼？」其實，在表面的「把

投錢口

木工存錢筒上頭的小旗子，是大女兒的創意，加上去，好有味道呢！

拔幫我做什麼」的底下，更珍貴的是，當孩子說出想要創作的東西時，我們就有了機會，可以傾聽孩子想要的是什麼！同時，也有機會在互動裡，看懂眼前的這個孩子，身體心理是什麼模樣。

許願本，讓「一起」，有了一份親近的約定，讓我們和孩子，擁有了「真的在一起」的時空，和孩子一起走入創作的世界裡。這樣的「真的在一起」的時光，說不定可以在後來孩子青春狂飆期來臨的時候，成為穩定風雨的無價基石。

第二天一大早，大女兒去上學了，可愛的小女兒手裡拿著姊姊的許願本之

看得見下頭的圓柱形取錢機關

一的存錢筒，我問小女兒：「阿毛～你也要把拔幫你做一個存錢筒嗎？」

小女兒：「我不要存錢筒，我要一個邋鞦韆。」

哎呀！阿毛！

製作存錢筒的工具

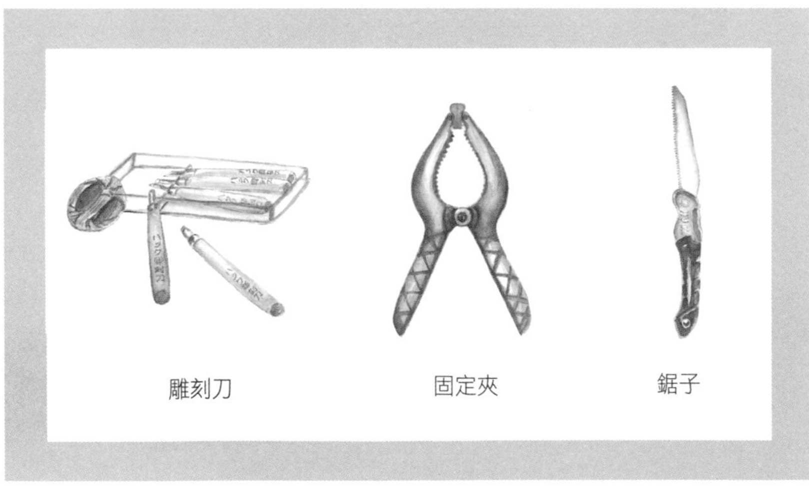

許願本之二：阿毛的溜滑梯

是的。霸氣十足的小女兒，無比清晰的跟我說：「把拔，我想要許願你做一個溜滑梯給我。」

哇哇，溜滑梯，那不就要先買一棟有院子的房子？把拔的存款沒有那麼多耶，怎麼辦呢？

「阿毛，你要哪一種溜滑梯？」（簡單的澄清問句真的很重要。）

「像上次姊姊用厚紙板做的那種啊！可以讓小兔子、小鴨子、媽祖娃娃啊，一起坐在上面溜呀溜的。」

喔～謝天謝地，原來是模型小公仔們可以遊戲的溜滑梯呀！那太好了。

最近認真的少接了幾場工作坊，在家裡和孩子一起的時間明顯增加，於是，星期二的傍晚，從幼稚園接小女兒回到家裡，我又一個人穿著短褲，揮汗在小凳子上做起木工了。

生這兩個小可愛前，我用挺入門的木工技巧，做了幾個中型的家具，因此留下不少剩餘的木料堆在洗衣間角落，於是，有了這些小木工的原始材料。我找到一條圓柱角材，然後又找到一塊長木板，這塊長形木板，是三年前為了讓女兒小衣服可以有地方掛，所做的衣櫃增建結構。因為女兒又長大了，這個增建結構不再需要了，所以我就拆了下來，變成這次盪鞦韆的主要材料。

傍晚時分，夫人在廚房瓦斯爐旁辛勤做飯，而我，在洗衣間的木工克難小工作室裡鋸著木頭，把那原來長長的長形木板平均的鋸斷，變成小人兒盪鞦韆

製作木工盪鞦韆的工具

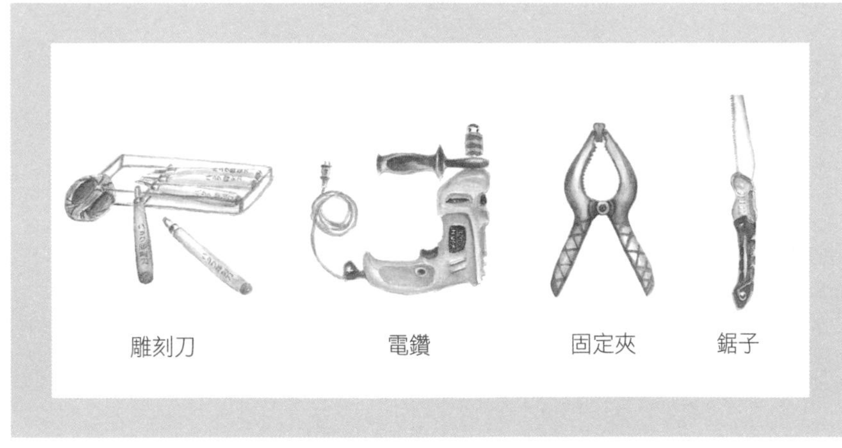

的兩個堅固手臂。

小小的四歲的小女兒，興味盎然的，拿了一個小凳子坐在我前頭，看著把拔流汗的鋸著木頭（整理書稿的時候，想起這個小女兒坐在凳子上興味盎然的看著把拔的畫面，依然微笑升起）。

呵呵，這個作品，當真純手工，所有的凹槽，都是用雕刻刀慢慢刻出來的。來，一起來看看許願本之二：阿毛的盪鞦韆。

可愛的小女兒，還來不及等接合處的白膠乾，就已經等不及玩了起來。她不只讓小鴨、小雞坐進去盪鞦韆，還讓各種小公仔也進去玩耍了。

我站在離小女兒幾公尺遠的地方，欣賞著女兒玩著我流汗之後的創作，耳中聽到女兒自言自語的說著：「來，媽祖，來，換你盪鞦韆了……」

哎呀，媽祖可是把拔的虔誠信仰，媽祖會

不會頭暈呀！我心裡擔心著。

我還來不及說出心裡的擔憂，就聽見小女兒說：「不行不行，媽祖不行。」我心裡想，喔，這小子還挺有靈性的，知道媽祖不行這樣玩。

小女兒繼續自言自語的說：「不行不行，媽祖不行。媽祖太胖了，這樣其他小動物太擠了……」

ㄟㄟㄟ，沒禮貌！

然後我看著小女兒，一邊說不行不行，一邊從鞦韆椅裡，拿出一個娃娃公仔，我一看，說：「ㄟ！你這個根本就是日本奈良娃娃，不是媽祖啦！」

小女兒：「對厚！我搞錯了……（然後，咚咚咚咚跑到自己的抽屜那裡），啊，這個才是媽祖。來，給媽祖玩一下盪鞦韆！」

呵呵，真是太有意思了，這個傍晚，這個晚上，我實現了自己在礁溪大石頭上的願望，當我的女兒許了一個盪鞦韆的願望。睡前，小女兒滾滾滾，滾到我的臂彎裡，輕聲的說：「把拔，我好喜歡你做的盪鞦韆喔～」呵呵，真好聽真好聽。

「把拔，我可以再許願嗎？」好啊，當然好。

「把拔，我想要你幫我做溜滑梯，還有蹺蹺板。」

「呵呵，好ㄚ。」

動手做，不管是手做孩子的玩具小木工，還是在黃昏時分，牽著孩子的手在海邊撿拾木材，一起動手搭起露營區焚火台上的柴堆，我發現，只要進入動手做的狀態，我們很容易和孩子一起進入情感流動的狀態。

動手做，因為身體動了，因為心裡想著可以這樣、可以那樣，創造力的內在總是自然又舒暢的啟動了起來。這樣的能量流動讓我們與孩子的「一起」，像是白天與黑夜的交界時分，夕陽晚霞隨著風，隨著光影，畫出一整個天空的顏色。

許願本之三：在水裡會跑的小木船

許願本，是我想到可以給孩子的禮物。孩子想要把拔做什麼，是真的想許的願，是孩子真的想要的，又是把拔做得到的，而且又跟錢沒有關係的，就可以寫在那專屬的許願本裡，寫下或畫下自己的許願，然後，當把拔完成時，女兒會在許願本的那個願望旁邊，寫下完成的那個日子，然後為把拔打一個勾。

許願本之三發生在許願本計畫開始後的半年。有一天，大女兒跑來我的身旁，說她想要把拔做一個木船給她。小女孩說不清楚她要哪一種木船，我就畫了簡圖，問她說：「像這樣的嗎？」小妹妹臉上微微笑點點頭。

呵呵，要木船，好啊。我心裡想，我不只要做出會浮在水面的木船，我想要讓木船可以在水上有自己的動力可以自己跑。

開始了！

跟往常一樣，我在曬滿衣服的克難木工間裡開始挑選木塊，開始動手做。

切割、接合，都是純手工，用手慢慢鋸，用白膠黏。白膠一天只能黏幾個小地方，努力了一個星期後，船體細節逐漸成形。

對了，不是說，會在水上自己跑嗎？動力系統，從下一頁的照片看比較清楚。

當然，看到姊姊有了一艘在水裡會跑的木船，小女兒也會想要有自己的一艘船囉。於是，歷經兩星期的慢慢製作，兩艘木船，即將在夜裡的澡缸舉辦下水儀式囉！

圍繞著許願本的互動裡，我們很有機會，在孩子的願望之外，加入一些其實不難的驚喜小元素，像是小木船這個作品的橡皮筋動力系統。孩子本來只想到要有可以漂在水上的木船，因為

木船雛形

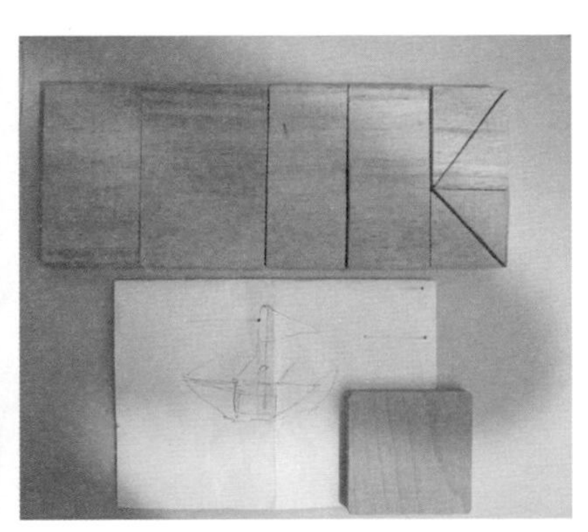

木頭初步切割和我隨手畫的簡圖

把拔小時候有印象小船可以這樣加上動力系統，於是，就可以給出一點點驚喜！

生活裡的驚喜，像是吃飽一餐飯之後，讓我們驚豔又迴盪的最後一道美味甜點。有時候，孩子可能忘了好多好多我們費盡心思才給出的努力，但是，卻會清晰的記得，那個夜裡，小木船下水儀式時木船嘟嘟嘟嘟往前衝的小驚喜。

船尾有橡皮筋動力系統

製作小木船的工具

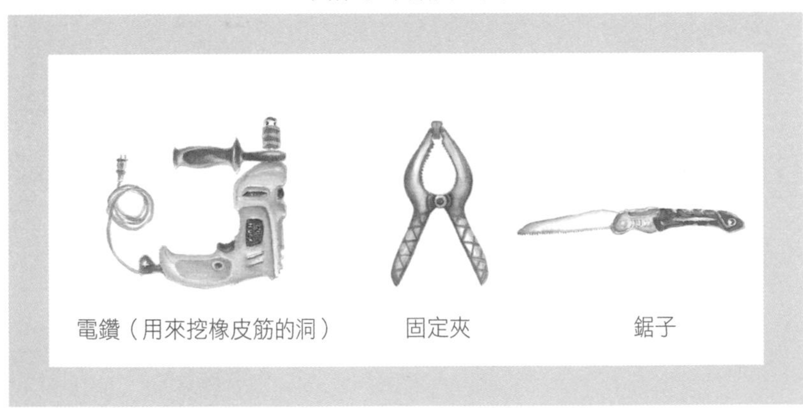

許願本之四：驚嘆號木工作品——手作彈珠台

許願本計畫繼續往下走，手作木工作品開始難度提升，同時，當把拔的我，珍惜每一回孩子的許願。這一回，大女兒在許願本裡，許了一個不小的願望：手工木作彈珠台。這個願望，整整花了把拔兩個月的時間，很慢很慢的一步一步的，才完成的。

跟之前的許願本木工作品一樣，我用的木材，全都是孩子出生之前，自己動手做家具、櫥櫃時，剩下的木料。

會花兩個月才完成，是因為裡頭，有不少木工，是要用雕刻刀，手工一刀一刀慢慢挖的。

而彈珠滾入的地方，我選擇用孩子這個夏天吃過的冰棒棍。用冰棒棍，說著：「孩子，這是你們童年的模樣呀！」

越來越成形囉！為了讓這個彈珠台有傳家之寶的架勢，我特別拿了上回從台東木工師傅那裡抱回來的漂流木椅腳，拿來這裡用！

整個彈珠台，最耗神設計的，是第二二七頁照片裡的彈力裝置。

我花了三天苦思，終於在第三天的清晨，想出這個方法。這個設計，讓大女兒有能力在橡皮筋斷掉的時候，自己可以手工修理完成，然後繼續玩。這樣，才不會把拔在港澳帶工作坊時，萬一要換橡皮筋，要等好幾天把拔才回來。

「爸爸花三天苦思我的許願」這件事，孩子看在眼裡。

彈珠台剛開始沒有格子時

孩子看著把拔拿著木頭木棍，這裡比比那裡鑽鑽，這裡試試那裡想想。因為是動手做，孩子們親眼看著很立體的畫面，看到把拔一直努力，不放棄的正在「想辦法」。我猜，孩子會忽然知道，遇到難題時，遇到爭吵時要「想辦法」這件事，不再只是把拔鼓勵她們，期許她們要長出來的能力，而是真的把拔也努力正在活著的樣子。

動手做，就會遇見難題；遇見難題，就有了想辦法的機會！這，不是很好嗎!?於是我這樣期許自己：報紙少看，電視少看，手機少滑，而女兒許願的，多動手做。

製作彈珠台的工具

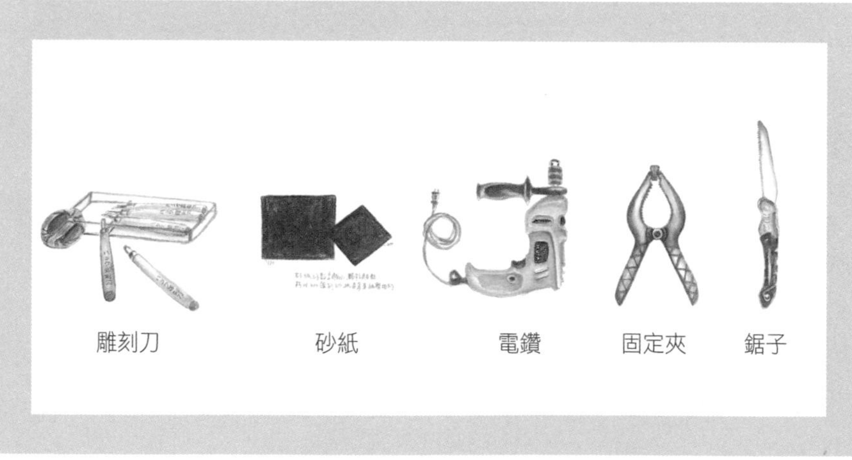

雕刻刀　砂紙　電鑽　固定夾　鋸子

整理這本書的書稿時，在手作木工照片裡忽然發現：當彈珠遇見了木頭彈力拉把，怎麼出現了這麼特別的標點符號呢!?是倒過來的驚嘆號呢！是驚嘆號的到來呢（請見第二二七頁的照片）。

原來，當動手做，一個小小的彈珠台可以是漫漫人生的小小驚嘆號！

在彈珠台挖洞嵌入冰棒棍

彈珠台的漂流木椅腳

彈珠台完成，女兒開始玩了

彈珠台的彈力裝置設計

彈珠遇見木頭拉把，成了驚嘆號

許願本之五：阿毛的小木屋信箱

把拔的許願本，在一整年的春夏秋冬之後，來到了之五！

一年多的時光裡，幫大女兒實現了存錢筒的願望，為小女兒實現了盪鞦韆的願望，幫大女兒實現了手作木工彈珠台的願望，也幫兩個小傢伙實現了在水裡真的會跑的小木船的願望。

一個一個願望的實現，都不簡單，但過程都豐富極了！

有一次，在旅程中一家短暫停留的小店，小女兒指著角落裡一個小木屋信箱說：「把拔~我想要你做這個！」

呵呵，小妹妹的幼稚園，這學期正好主題是「小郵差」，她們在幼稚園還做信封、寫信貼郵票寄信回家呢！小妹妹想要把拔做小木屋信箱，讓小郵差的扮演更立體，好啊！

動工了。一樣，這裡拼拼、那裡切切、然後再這裡接接……

雖然是把拔要做給妹妹的作品，大女兒這個小姊姊，依然興味盎然的，天天來看把拔做到哪裡了。這個小女孩，是會為妹妹開心的那一種小姊姊。

第二三一頁這一張我和大女兒一起合作拴上鎖片螺絲的照片，是那一整年的所有照片裡，我最愛的一張。鎖螺絲，固定「可以打開的門」與「門框」之間的鎖片，是整個作品裡，最不容易的。因為有小姊姊的幫忙，才順利完成的。你看照片裡的小女孩，專注與安穩的幫把拔握住木頭的樣子，真好看！

一起合作，尤其，讓孩子有機會出

製作小木屋的工具和零件

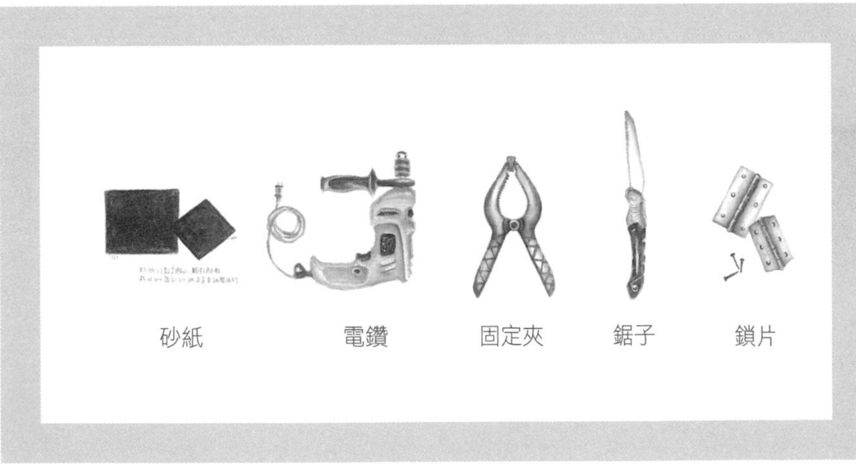

力氣，幫忙我們一起完成原本我們自己不容易完成的作品，對孩子來說，是超級有成就感的事情。「覺得自己有用」「覺得自己的存在是有幫助的」，這樣的健康的自我概念，常常就在孩子幫忙我們的時候，悄悄的發生了呢！

來看看完成了的小木屋（請見第二三二頁的照片）。

每一個接縫，都不完美，每一個接縫，都是心意。

小女兒很愛這個小木屋信箱！完成這個作品的那個週末，剛好遇到我和錦敦的《陪一顆心長大》的新書分享會，不少朋友在分享會裡，投入了他們許願的小紙條進入這個小木屋信箱裡。

小木屋一開始鋸門形

女兒回家時開心的說：「把拔～阿姨叔叔們真的有投到我的小木屋信箱耶！」

親愛的孩子，把拔真高興參與了你這樣的快樂！

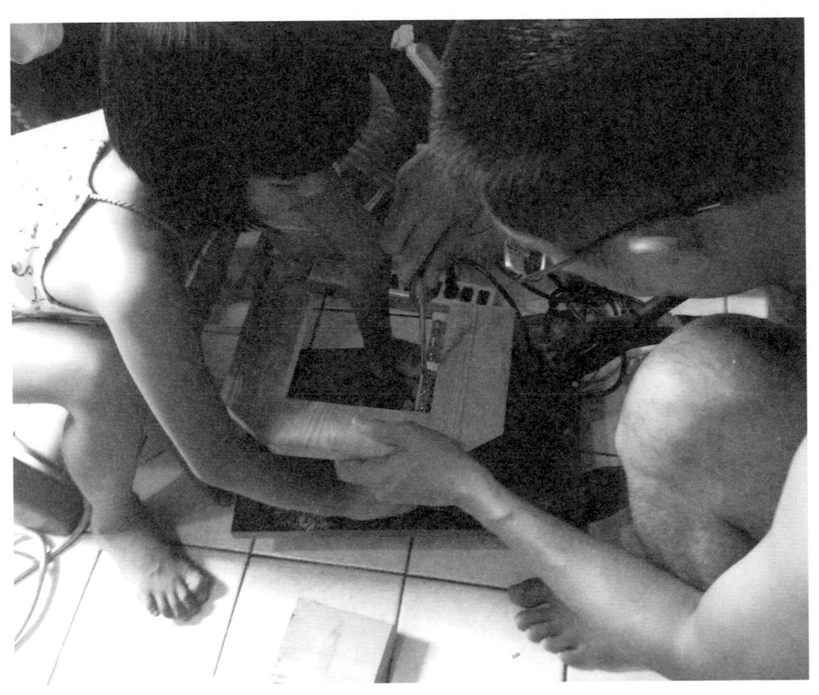

大女兒幫把拔一起為鎖片鎖上螺絲

★隨書好禮
「睡前・催眠故事CD」，
大人小孩都適合聽！

陪一顆心長大：從心理諮商到養兒育女

黃錦敦、哈克（黃士鈞）◎著

・把心理諮商上照顧人與心的好方法用在自己孩子身上
・朱台翔、李偉文、林祺堂、陳藹玲　鼓掌推薦！

兩位充滿愛、願意陪伴孩子、拓展孩子內在空間的資深諮商心理師，共同打造書市少見、從心理專業角度出發的親子教養書！

諮商心理師當爸爸，一定比一般人強嗎？當然不見得！哈克和黃錦敦這兩位專業諮商心理師做了父親，反而發現自己也有很多限制！面對拗到不行、哭鬧不已的孩子，理智線照樣瞬間斷裂；碰到孩子只要媽媽、不肯找爸爸時，心裡還是會○○ＸＸ。

儘管如此，他們受過的專業訓練，使他們能持續地、深刻地將自己心裡所重視的事情傳遞給了孩子。哈克能給愛、很溫柔，於是他的兩個女兒也一天一天有了溫柔、有了給愛的能力；黃錦敦愛自由、很勇敢，於是養出了兩個自由又勇敢做自己的小孩。因此，他們決定結合為人父的心情和自己的專業，告訴你如何把心理諮商上照顧「人」、照顧「心」的好方法，用在自己孩子身上。

看了本書你會知道：

如何在自己也有情緒的狀況下面對孩子，

如何管教而不會成傷，

如何幫助孩子學會愛、學會情緒管理、學會自主，

如何養成孩子規律的生活作息，如何陪孩子找到天賦能力，成為他自己。

★隨書好禮
「和潛意識說說話」
引導CD，
帶你連結潛意識的力量！

你的夢，你的力量：潛意識工作者哈克的解夢書

哈克（黃士鈞）◎著

- 解夢DIY三步驟，誰說解夢不能自己來？
- 陪伴解夢五階梯，各階段關鍵問句，讓你陪著家人好友探索夢境！
- 經典解夢手法三訣竅，一步步解開讓你又愛又迷惑的怪夢！
- 黃錦敦、林祺堂、謝銘祐、貴婦奈奈　激賞推薦！

「在生命的此刻，我眞正要的是什麼？」
或許，可以問問你的夢，你會從中找到充滿力量的新方向！
這不是「夢的辭典」，而是一本提供「個人化解夢法」的夢境解碼書，
在解析夢境的過程中，你將找到專屬於你的獨特連結與意義。

夢是意識與潛意識的橋梁，是潛意識在對你說話，而潛意識透過夢傳達的訊息，常常跟你做夢那段期間的生命狀態有關。有的夢透露了你不曾被懂的深層渴望，有的夢隱隱訴說著被遺忘已久的生命課題，有的夢則清清楚楚告訴你：「該離職了吧！」「孩子都要出生了，該用點腦子過生活了。」

與夢工作了將近二十年的哈克，以長期累積的經驗建立了一套自有的解夢系統，探索夢境中幽微又重要的潛意識訊息，讓人得以將夢境與生命狀態或眞實生活連結。在本書中，他將多年絕學化爲暖心的文字，告訴你許多夢的故事和解夢的方法（清楚的步驟，以及該注意的關鍵詞、語氣、表情、身體反應），帶你有技巧地認識夢、理解夢、解開夢，一步步發掘藏在夢境裡的寶藏，在生命的各個階段找到最好的出路。

www.booklife.com.tw　reader@mail.eurasian.com.tw

自信人生 133

爸爸的鬼點子：跟著心理博士學好玩的親子互動

作　　者／哈克（黃士鈞）
發 行 人／簡志忠
出 版 者／方智出版社股份有限公司
地　　址／台北市南京東路四段50號6樓之1
電　　話／（02）2579-6600・2579-8800・2570-3939
傳　　真／（02）2579-0338・2577-3220・2570-3636
總 編 輯／陳秋月
資深主編／賴良珠
責任編輯／黃淑雲
校　　對／黃淑雲・賴良珠
美術編輯／李家宜
行銷企畫／吳幸芳・凃姿宇
印務統籌／劉鳳剛・高榮祥
監　　印／高榮祥
排　　版／陳采淇
經 銷 商／叩應股份有限公司
郵撥帳號／18707239
法律顧問／圓神出版事業機構法律顧問　蕭雄淋律師
印　　刷／國碩印前科技股份有限公司
2016年7月　初版

定價 320 元　ISBN 978-986-175-433-8

你本來就應該得到生命所必須給你的一切美好！
祕密，就是過去、現在和未來的一切解答。

——《The Secret 祕密》

國家圖書館出版品預行編目資料

爸爸的鬼點子：跟著心理博士學好玩的親子互動／哈克（黃士鈞）著.
-- 初版. -- 臺北市：方智，2016.07
240面；14.8×20.8公分. --（自信人生；133）
ISBN 978-986-175-433-8（平裝）
1.親職教育 2.親子關係

528.2 105008559